Nischni Nowgorod

Herzlich Willkommen!

Нижний Новгород

Добро пожаловать!

Copyright © 2016 Dr. Franziska Rinke

Herstellung und Verlag:
BoD - Books on Demand, Norderstedt
ISBN 978-3-7412-2370-9

INHALTSVERZEICHNIS

EINFÜHRUNG	**13**
GESCHICHTE DER STADT	**14**
FEIERTAGE UND FESTE	**16**
WICHTIGE INFORMATIONEN	**19**
Apotheke	19
Auto abgeschleppt	19
Autofahren	19
Autovermietung	20
Briefkasten	20
Etagen	20
Georgsband – 9. Mai	21
Handy/Internet	22
Internationale Vereinigung	22
Klimaanlage/Heizung	23
Klingel	23
Leitungswasser	23
Mücken	24
Mülltrennung	24
Notruf	24
Öffentliches Verkehrsnetz	24
Orthodoxe Kirche	25
Registrierung	25
Reiseführer-App	26
Sicherheit	26
Soziale Netzwerke	26
Taxi	26
Touristeninformationszentrum	27
Wetter	27

ZEITVERSCHIEBUNG	**28**
AN- UND ABREISE	**29**
AUTO	**29**
BUS	**29**
FLUGZEUG	**29**
SAMMELTAXI	**30**
ZUG	**30**
SEHENSWÜRDIGKEITEN	**31**
ALEXANDER-NEWSKI-KATHEDRALE	**31**
BLAGOWESCHTSCHENSKI-KLOSTER	**32**
BOLSCHAJA POKROWSKAJA	**33**
FEDOROWSKI UFERSTRAẞE	**36**
GORKI-PLATZ	**37**
JOHANNES-KIRCHE	**38**
KREML	**39**
ERZENGEL-MICHAEL-KATHEDRALE	41
EWIGES FEUER	41
KREML-MAUER	41
MESSE	**42**
MININ- UND POSCHARSKI-PLATZ	**43**
PETSCHERSKI-KLOSTER	**45**
ROSCHDESTWENSKAJA STRASSE	**46**
TSCHKALOW-DENKMAL UND -TREPPE	**48**
WERCHNEWOLSCHSKAJA-NABERESCHNAJA	**49**
PARKS UND SEEN	**51**
ALEXANDROWSKI SAD	**51**
BOTANISCHER GARTEN	**51**
MESCHTSCHERSKOJE OSERO	**52**
PARK KULIBINA	**52**

PARK PUSCHKINA	53
PARK SCHWEJZARIA	53
SCHTSCHOLKOWSKI HUTOR	54
SORMOWSKI PARK	54

MUSEEN, KUNST UND KULTUR 56

ARSENAL	56
AUSSTELLUNGSSAAL	56
AUTOMUSEUM	57
BÜCHEREI	57
DOBROLJUBOW-MUSEUM	58
DRAMATHEATER	58
FOTOGRAFIE-MUSEUM	58
KOMÖDIENTHEATER	59
KONSERVATORIUM	59
KUNSTMUSEUM	59
MAXIM-GORKI-MUSEEN	60
KASCHIRIN-HAUS	60
LITERATURMUSEUM	61
WOHNHAUS	61
MUSEUM DES KUNSTHANDWERKES	62
NISCHEGORODER ZENTRUM DER DEUTSCHEN KULTUR	62
OPERN- UND BALLETTTHEATER	63
PARK POBEDY	63
PHILHARMONIE	63
PLANETARIUM	64
PUSCHKINMUSEUM	64
RADIOLABORATORIJA	64
RUKAWISCHNIKOW-VILLA	65
SACHAROW MUSEUM	65
SCHTSCHOLKOWSKI HUTOR MUSEUM	66
SCHIFFFAHRTSMUSEUM	67

SOLISTEN NISCHNI NOWGOROD	68
STRASSENBAHNMUSEUM	68
TECHNISCHES MUSEUM	69
THEATER DER SCHAUSPIELSCHULE	69
ZIFERBLAT	69

KINO UND KARAOKE — 71

7D-KINO	71
FANTASTIKA	71
OKTJABR	71
ORLJONOK	72
REKORD	72
ROMANOW	72
SEDMOJE NJEBO	72
SPUTNIK	73

ESSEN & TRINKEN — 74

TEUER	**74**
BOCCONCHINO	74
BOSS BAR	74
EXPEDITIA	74
MITRICH	75
PJATKIN	75
SPORTSBAR	76
TIFFANI	76
MITTEL	**76**
ANGLISKOJE POSOLSTWA	76
BIBLIOTEKA	77
DRUSCHKOWA KRUSCHKA	77
HATSCHAPURI	77
IRISH PUB	78
MOLOKO CAFE	78

Moloko Leto	79
Mükka	79
plakutschaja Iwa	79
Tanuki	80
U Alexandra	80
Wesjolaja Kuma	80
Preiswert	**81**
Chef´s	81
Miraja	81
Salut Burger	81
Schaurma	82
Sowok	82
Stolle	82
Time for Wine	83
Fastfood	**83**
Cafés	**84**
Coffee cake	84
Coffeeshop company	85
Konditerskaja	85
Schokoladnitza	85
Wolkonski	86
Sonstiges	**86**
Lieferservice	86
Salz und Pfeffer	86

ABENDS AUSGEHEN — 87

Bu	87
Fabrika	87
Franky Bar	87
Lex	88
Milo Club	88
Milo Concert Hall	88

MIXTURA	88
NEGRONI BAR & ENOTECA	89
PREMIO CENTER	89
ROCKBAR	89
SKLAD	89
TEATRO	90
THE TOP CLUB	90
UNION JACK GRAND MUSIC PUB	90
WATERDANCE FESTIVAL	90

EINKAUFEN 92

BAUMARKT **92**
BUCHLÄDEN **92**
DIRISCHABL 92
DOM KNIGI 92
KNISCHNNJAJA GALEREJA 93
LABIRINT 93
TSCHITAJ GOROD 93
UNIVERSITÄTSBUCHHANDLUNG 93
ETAGÉ **93**
FANTASTIKA **94**
LOBATSCHEWSKI PLAZA **94**
MARKT **94**
KOMSOMOLKA 94
MYTNY DWOR 95
SREDNOJ 95
ZENTRALER MARKT 95
MEGA **95**
METRO **95**
MÖBELHAUS **96**
NJEBO **96**
ONLINE-SHOPPING **96**

RUSSISCHE MODE	**97**
RODINA	97
ZARINA	97
SOUVENIRE	**97**
SPORTGESCHÄFT	**98**
REDFOX	98
SNARJASCHENIE	98
SPORTMASTER	98
TRIAL-SPORT	98
SUPERMARKT	**99**
TEE	**99**
WEIHNACHTSBAUM	**99**
HOTELS & WOHNEN	**100**
ALEXANDROWSKI SAD	**100**
DIPLOMAT HOTEL	**101**
FONDA	**101**
GRAND HOTEL OKA	**101**
HOSTELS	**102**
FABRIKA	102
SMILE HOSTEL	102
IBIS HOTEL	**103**
JOUK JACQUE	**103**
KULIBIN PARK HOTEL	**103**
MARINS PARK HOTEL	**103**
MARRIOTT HOTEL	**104**
NIKOLA HAUS	**104**
NINO HOTEL	**104**
OKTJABRSKAJA	**104**
WHITE HOUSE	**105**
WOLNA	**105**

ERHOLUNG UND SPORT	**106**
BANJA	**106**
BANJA NA NOWOJ	106
USADBA WANNAJA	107
BEACHVOLLEYBALL	**107**
FITNESSSTUDIO	**107**
GRILLEN	**108**
PADDELN	**108**
SCHIFFFAHRT	**108**
SCHLITTSCHUHFAHREN	**109**
DYNAMO STADION	109
SORMOWSKI PARK	109
SCHWIMMBAD	**109**
(BADE)SEE	**110**
SEGWAY	**110**
SEILBAHN	**110**
SKIFAHREN	**111**
ABFAHRT	111
Chabarskoje	111
Nowinki	111
Park Schwejzaria	111
Puschalowa	111
Terra Ski Park	112
LANGLAUF	112
TANZEN	**112**
TENNIS	**113**
YACHT-CLUB	**113**
YOGA	**113**
ZELTEN	**114**
UNTERWEGS MIT KINDERN	**115**
BABYCONCERT NN	**115**

BABYSCHWIMMEN	**115**
BASTELLADEN	**115**
FAMILIENZENTRUM „GREENLANDIA"	**115**
GO-KART-BAHN	**116**
INDOOR-SPIELPLÄTZE	**116**
IZUMRUDNYJ GOROD	116
MURAWEJNIK	116
OSTROW SOKROWISCHTSCH	117
JUGENDTHEATER	**117**
MUSEUM DER WISSENSCHAFTEN – KWARKI	**117**
OPERN- UND BALLETTTHEATER	**117**
PONYREITEN	**117**
PUPPENTHEATER	**118**
RUMMEL	**118**
SPIELPLATZ	**118**
SPIELZEUGMUSEUM	**118**
STADION WODNIK	**118**
WASSERPARK „KARIBIK"	**119**
ZIRKUS	**119**
ZOO LIMPOPO	**119**

GOTTESDIENSTE   120

BAPTISTEN	**120**
EVANGELISCHE FREIE GEMEINDEN	**120**
JESUS EMBASSY CHURCH	120
VINEYARD CHURCH	120
KATHOLISCHE KIRCHE	**121**
LUTHERKIRCHE	**121**
MOSCHEE	**121**
SYNAGOGE	**121**

KINDERGARTEN, SCHULEN UND UNIVERSITÄTEN   122

HIGHER SCHOOL OF ECONOMICS	**122**
KINDERGARTEN	**122**
CREF	122
KROCHA	122
LINGUISTISCHE UNIVERSITÄT	**123**
LOBACHEWSKI-UNIVERSITÄT	**123**
MEDIZINISCHE AKADEMIE	**123**
SCHULE	**123**
GYMNASIUM NR. 1	123
„INTERNATIONALE SCHULE"	124

MEDIZINISCHE VERSORGUNG   125

FRAUENARZT	**125**
GEBURTSHÄUSER	**125**
KINDERARZT	**126**
PRIVATE KLINIK	**126**

AUSFLUGSZIELE   127

ARSAMAS	**127**
GORKOWSKOJE MORJE	**127**
GORODEZ	**127**
ITSCHALKOWSKIE HÖHLEN	**128**
KASAN	**128**
MAKARJEWO-KLOSTER	**128**
SEMJONOW	**128**
SUSDAL	**129**
SWETLOJAR	**129**
RUKAWISCHNIKOW SOMMERSITZ	**129**

ÜBER DIE AUTORIN   131

Einführung

Mit knapp 1,25 Millionen Einwohnern ist Nischni Nowgorod die fünft-größte Stadt Russlands. Von 1932-1990 hieß die Stadt Gorki nach dem bekannten, in Nischni geborenen Schriftsteller. Atemberaubend ist der Blick auf den Zusammenfluss von Oka und Wolga. Es gibt wohl keine vergleichbare, europäische Stadt, in der

man vom Zentrum der Stadt aus einen solch unverbauten Blick bis zum Horizont genießen kann. Bei diesem Anblick bekommt man ein Gefühl für die russische Weite und die Größe dieses Landes. Nach deutschem Verständnis ist Nischni aufgrund der Einwohnerzahl eine Großstadt, nach russischem Verständnis neben den Großmetropolen Moskau und St. Petersburg doch eher Provinz. Dies zeigt sich auch daran, dass Nischni touristisch schlecht erschlossen ist, was gerade für Ausländer ohne Russischkenntnisse problematisch ist. Dieser Stadtführer richtet sich vor allen, aber natürlich nicht ausschließlich, an Menschen, die es für eine längere Zeit nach Nischni Nowgorod verschlagen hat. Ich möchte gern meine Erfahrungen der letzten Jahre hier vor Ort an andere weitergeben, damit auch Sie diese schöne Stadt kennen und lieben lernen.

Geschichte der Stadt

1221	Gründung durch Juri II. (1189-1238), Großfürst von Wladimir
ab 1392	Teil des Großfürstentums Moskau
15 Jh.	Festung im Kampf gegen die Kasaner Tataren
17 Jh.	Zentrum des Widerstands gegen Polen und Schweden
1612	Versammlung der Volkswehr unter Minin und Poscharskij am Kreml, von wo aus Sie sich auf den Weg nach Moskau machten, um die polnischen Heere zu vertreiben (großes Bild im Kunstmuseum)
1781	Nischni erhält sein Wappen. Zur Bedeutung erfahren Sie mehr unter: *http://www.admgor.nnov.ru/ge/nischni-nowgorod/stadtsymbolik/*
19 Jh.	Wichtiges Handelszentrum zwischen Europa und Asien
1817	Die Messe wird von o nach Nischni verlegt
1932-1990	Stadt hieß „Gorki" nach dem in Nischni geborenen Schriftsteller Maxim Gorki (1868-1936)
Zeit der Sowjetunion	Entwicklung zum Industriezentrum – wichtige Industriezweige z.B. das Autowerk GAZ (gorkowski awtomobilni zawod); Geschlossene Stadt – für Ausländer nicht zugänglich, aufgrund der Rüstungsindustrie (Atom-U-Boote, Kampfflugzeuge und Panzer)
1991	Die Stadt wird wieder für Ausländer geöffnet. Essen wird Partnerstadt.

| heute | Nischni ist die Hauptstadt des gleichnamigen Oblasts. Der Gouverneur ist Valerij Schantsev, der Oberbürgermeister – Iwan Karnilin |

Feiertage und Feste

1.-5. Jan.	Neujahrs-Feiertage
6./7. Jan.	Orthodoxes Weihnachtsfest

In der russisch-orthodoxen Kirche wird nach dem alten julianischen Kalender gerechnet, was dazu führt, dass Weihnachten erst im Januar gefeiert wird. Zu Zeiten der Sowjetunion war es verboten, Weihnachten zu feiern. Dies änderte sich erst mit dem Zerfall der Sowjetunion.

23. Feb. Tag der Verteidigung des Vaterlandes

Die Ursprünge dieses Feiertages liegen zu Beginn des 20. Jhs. Es war damals der Tag der Roten Armee. Seit 2002 wurde dieser Feiertag wieder amtlich eingeführt zur Ehrung der Angehörigen der russischen Streitkräfte. Gerade in der jüngeren Generation wird er jedoch eher als Männertag gefeiert.

8. März Frauentag

Ein wichtiger Feiertag in Russland, an dem die Frauen Blumen und andere Geschenke bekommen.

Ostern

Aufgrund der unterschiedlichen Kalender fallen die Osterfeiertage im Vergleich zu Deutschland auf verschiedene Tage. Allerdings wird in der Kirche nur die Nacht von Samstag auf Ostersonntag gefeiert mit langen Gottesdiensten. Weitere Feiertage wie in Deutschland gibt es nicht.

1. Mai Tag der Arbeit

9. Mai	Sieg über Hitlerdeutschland

Dies ist vermutlich der wichtigste Feiertag in Russland und wird mit großen Militärparaden begangen (Siehe unten „Wichtige Informationen – Georgsband").

12. Juni	Der Tag Russlands

Seit 1992 offizieller Feiertag. In der Bevölkerung allerdings von geringer Bedeutung.

4. Nov.	Tag der Einheit des Volkes

Seit 2005 wieder ein gesetzlicher Feiertag. Für Nischni von besonderer Bedeutung, da des Aufbruchs des von Minin und Poscharski angeführten Volksheeres nach Moskau im Jahre 1612 gedacht wird, der den russisch-polnischen Krieg beendete.

31. Dez.	Neujahr

Silvester wird in Russland wie Weihnachten in Deutschland gefeiert mit Tannenbaum, Djed Maros (Väterchen Frost, dem russischen Weihnachtsmann) und Geschenken, ganz in der Familie. Das eigentliche christliche Weihnachtsfest hat hingegen bei der Allgemeinheit wenig Bedeutung. Nach der Oktoberrevolution 1917 wurde das christliche Weihnachtsfest verboten. Die damit verbundenen Traditionen wurden jedoch auf Silvester verlegt.

Wenn ein gesetzlicher Feiertag auf ein Wochenende fällt, wird er auf einen Arbeitstag verschoben. Aus diesem Grund sind die Feiertagsregelungen jedes Jahr ein wenig anders. Auch gibt es üblicherweise eine lange freie Zeit nach Neujahr und über die Maifeiertage. Es werden dazu auch Brückentage staatlich verschoben, wofür auch mal am Samstag gearbeitet werden muss.

An gesetzlichen Feiertagen sind die Geschäfte nicht wie in Deutschland geschlossen, sondern Sie können ganz normal einkaufen.

Wichtige Informationen

APOTHEKE

Viele Medikamente, die in Deutschland verschreibungspflichtig sind, gibt es in Russland ohne Rezept. Eine Apotheke (аптека) findet man an jeder Ecke. Teilweise haben Apotheken 24 Stunden geöffnet. Es ist zu empfehlen, nur bekannte Medikamente zu kaufen. In Russland ist es üblich, dass man vom Arzt nach einem Arztbesuch eine Liste mit Medikamenten bekommt, nach dem Motto: „viel hilft auch viel".

AUTO ABGESCHLEPPT

Die Parkplatzsituation ist gerade in der Innenstadt prekär, da es kaum Parkhäuser oder öffentliche Parkplätze gibt. Die einzigen, die daran verdienen, sind die Abschleppunternehmen. Da es keine Politessen gibt wie in Deutschland, wird bei jedem Verstoß abgeschleppt. Es ist einerseits teuer und extrem zeitaufwändig, sein Auto wieder zu bekommen. Falls Ihr Auto abgeschleppt wurde, rufen Sie zunächst folgende Telefonnummer an: 417 17 07. Sie erfahren, auf welchem Autohof Ihr Auto steht. Notieren Sie sich die Adresse und fahren Sie dorthin. Sie erhalten eine Bescheinigung mit der Sie zur Polizei (ulitsa Delowaja 3) fahren müssen, um die Strafe zu bezahlen. Erst danach kann man wieder zum Autohof fahren – natürlich am anderen Ende der Stadt – um sein Auto auszulösen. Das Abschleppunternehmen verlangt ca. 2000 Rubel. Für die Taxifahrt müssen Sie ca. 1000 Rubel einplanen. Die Strafe ist meist der geringste Teil.

AUTOFAHREN

Autozufahren ist grundsätzlich möglich, aber gefährlicher als in Deutschland. Die Straßenverhältnisse sind extrem schlecht. Man muss viel mehr auf die Straße achten, um nicht in ein riesiges Schlagloch zu fahren. Die Regeln sind zwar die gleichen, aber es scheint eher das Recht des Stärkeren vorzuherrschen. Aus diesem Grund gibt es viele Unfälle. Im Fall eines Unfalls bleibt man an Ort und Stelle stehen und wartet, bis die Polizei kommt. Viele Autos sind aus diesem Grund auch mit Videokameras ausgestattet, um im Zweifel den Unfallhergang rekonstruieren zu können. In den letzten Jahren können sich immer mehr Einwohner ein Auto leisten, was zu den Hauptverkehrszeiten zu viel Verkehr und Stau führt. An den Wochenenden, wenn die Städter auf Ihre Datsche fahren, kommt es an den Knotenpunkten zu stundenlangen Staus. Innerorts beträgt die Geschwindigkeitsbegrenzung 60 km/h, außerorts 90 km/h. Sie sollten sich daran halten, denn es gibt überall Blitzer.

AUTOVERMIETUNG

Die großen, internationalen Autovermieter haben es endlich auch nach Nischni geschafft. Am Bahnhof und am Flughafen kann man bei Avis, Europcar und Hertz ein Auto mieten. Es ist leider in Russland oft nicht möglich, das Auto in einer Stadt zu mieten und in einer anderen wieder abzugeben.

BRIEFKASTEN

Anders als in Deutschland steht am Briefkasten kein Name, sondern lediglich die Nummer der Wohnung. Auch sind die Briefkästen im Flur angebracht und nicht außen am Haus. Die Post aus Deutschland kommt zwar meist an, aber Briefe und Pakete dauern mindestens vier Wochen. Falls Sie ein Paket erwarten, finden Sie zu gegebener Zeit einen Abholschein im Briefkasten. Dann müssen Sie entweder zur **Hauptpost** (Bolschaja Pokrowskaja 56 – Большая Покровская улица, 56) gehen und das Paket unter Vorlage des Ausweises abholen. Oder Sie rufen die Nummer auf dem Zettel an, so dass ihnen ein Kurier das Paket zu einer ihn passenden Zeit zustellt.

ETAGEN

In Russland gibt es kein Erdgeschoss, sondern das Erdgeschoss ist bereits die erste Etage. Auch im Lift gibt es daher keine „0", sondern der Ausgang befindet sich auf „1".

GEORGSBAND – 9. MAI

In Autos und Geschäften, an Rücksäcken und Handtaschen – allgegenwärtig ist mittlerweile das Georgsband. Mit seinen zwei orangenen und drei schwarzen Streifen steht es für den Stolz einer ganzen Nation, nicht nur über den Sieg über Hitlerdeutschland. Der Ursprung des Georgbandes geht zurück auf das 18. Jh., wo es erstmals in Russland als militärischer Orden verliehen wurde. Namensgeber ist der heilige Georg, der als Märtyrer für die Verteidigung des christlichen Glaubens den Tod auf sich genommen hat. Anders als in Deutschland ist der 2. Weltkrieg auch in der heutigen Generation noch sehr präsent. Russland tut auch einiges dafür, dass der „große Sieg" nicht in Vergessenheit gerät. Ein Teil davon ist das Georgsband, das seit 2005 vermehrt im Mai unter die Leute gebracht wird. Am 9. Mai findet darüber hinaus auf dem Minin-Platz eine große Militärparade statt. Für das deutsche Auge sind vorbeifahrende Panzer in der Innenstadt

befremdlich und die Schau militärischer Stärke beängstigend. Teilweise sieht man Aufschriften an Autos mit „Nach Berlin". Bereits in der Erziehung der Kinder zeigt sich ein ganz anderer Umgang zu Militär und Waffen. So werden Kriegsgeräte mitten im Kreml ausgestellt, welche die Kinder als Klettergerüste verwenden oder Ballons in Panzerform verkauft. Eine Russin sagte mal zu mir, dass das Gedenken an den ruhmreichen, „Großen Vaterländischen Krieg" das Einzige wäre, was das russische Volk noch zusammen hält und vereint.

HANDY/INTERNET

Es gibt drei große Handy-Anbieter: Beeline, Megafon und MTS. Verträge können Sie sowohl im Internet als auch in jedem Geschäft abschließen. Für private Nutzer werden oft nur prepaid-Verträge angeboten. Sie müssen dann regelmäßig Ihr Telefon aufladen. Das geht entweder im Internet, wenn Sie ein russisches Konto haben oder an bestimmten Terminals, die z.B. in jedem Supermarkt zu finden sind. Internet fürs Handy ist vergleichsweise günstig. Wenn Sie viel in Russland reisen, achten Sie darauf, dass Sie einen russlandweiten Tarif wählen, denn ansonsten ist die Handynutzung außerhalb der Region Nischni Nowgorod so teuer wie im Ausland. In vielen Restaurants gibt es darüber hinaus kostenlos Wi-fi. Der größte Festnetzanbieter ist Rostelekom.

INTERNATIONALE VEREINIGUNG

ICANN steht für „International Community Association Nizhny Novgorod" und ist ein Zusammenschluss international tätiger Unternehmen aus Nischni. Derzeit gibt es ca. 40 Mitglieder, u.a. ThyssenKrupp, Liebherr und Volkswagen. Aber auch Privatpersonen können Mitglied werden. Generell ist die Expat-Gemeinschaft überschaubar. Wollen Sie neue Leute kennenlernen, empfiehlt sich der internationale Stammtisch einmal im Monat. Die Organisation wird von einem Vorstand geführt, der laut Satzung ein Ausländer sein muss und üblicherweise Geschäftsführer eines der großen Unternehmen ist. Darüber hinaus gibt es zwei festangestellte Mitarbeiterinnen, die Kontakte zum Beispiel zur Stadt pflegen und Treffen organisieren. Daneben besteht ein großes Angebot von sozialen Veranstaltungen und Ausflügen.

http://icann-nn.ru/main.html

KLIMAANLAGE/HEIZUNG

Jetzt denken Sie bestimmt: „Wozu brauche ich eine Klimaanlage? Es ist doch das halbe Jahr Winter!". Im Sommer kann es schon recht heiß werden, so dass man dankbar für eine Klimaanlage ist. Doch noch nützlicher ist die Klimaanlage im Frühjahr und Herbst, da Sie in den Übergangszeiten der Heizperioden auch zum Heizen benutzt wird. In Russland gibt es staatlich verordnete Heizperioden, d.h. die Heizung wird zentral gesteuert und man hat in seiner Wohnung meist keinen Einfluss darauf. Deshalb kann man sich schon glücklich schätzen, wenn man über einen Thermostat verfügt und die Heizkörper ausschalten kann, um im Winter nicht die Temperatur der Wohnung durch Öffnen der Fenster regulieren zu müssen. Achten Sie auch darauf, dass Ihre Wohnung mit einem Boiler ausgestattet ist, da einmal im Jahr für ein paar Tage das Warmwasser abgestellt wird. Wann die Heizung an/abgestellt wird, richtet sich angeblich nach der Außentemperatur. Üblicherweise wird von Oktober bis Mai geheizt.

KLINGEL

Ähnlich wie am Briefkasten gibt es auch an der Klingel keine Namen. Sie müssen also genau wissen, zu welcher Wohnung Sie müssen. Meist ist direkt neben der Tür die Klingel angebracht. Wählen Sie die Nummer der Wohnung und danach drücken Sie „B".

LEITUNGSWASSER

Das Leitungswasser kann man in Russland NICHT trinken. Einige Wohnungen haben jedoch eingebaute Filter in der Spüle. Viele kaufen das Trinkwasser in großen Plastikflaschen im Supermarkt. Bestimmte Unternehmen bieten einen Wasser-Lieferservice nach Hause an.

MÜCKEN

Mit der Schneeschmelze setzt die Mückenplage ein. Mai und Juni sind üblicherweise die schlimmsten Monate. Danach wird es zumindest in der Stadt besser. Aus diesem Grund ist es zu empfehlen Fliegengitter anzubringen und Mückenspray mitzunehmen. In den letzten Jahren ist allerdings festzustellen, dass die Anzahl der Mücken nachgelassen hat.

MÜLLTRENNUNG

Das deutsche Umweltherz muss in Russland bluten. Mülltrennung ist ein Fremdwort. Der Abfall landet in einer Tonne, egal ob Glas, Papier, Plastik oder Restmüll. Zwar gibt es die ersten Gruppen, die sich für Recycling einsetzen, doch fehlt bisher das System dahinter. Was nützt es, wenn man Müll trennt, der dann am Ende auch nur auf der gleichen Müllhalde landet. Vereinzelte Annahmestellen für Papier und Bierflaschen gibt es. Im MediaMarkt und bei IKEA können leere Batterien abgegeben werden. Alle Informationen zu diesem Thema finden Sie auf der folgenden Vkontakte Gruppe: *https://vk.com/razdelno_nn*.

NOTRUF

Rettungsdienst-Zentrale 01 (vom Handy aus 112), Polizei 02 und ärztlicher Notdienst 03.

ÖFFENTLICHES VERKEHRSNETZ

Das öffentliche Verkehrsnetz ist sehr gut ausgebaut. Es gibt Busse, Metro, Maschrutkas, Straßenbahnen, Trolleybusse (Hochleitungsbusse) und Regionalzüge (Elektritschka). Die Maschrutkas sind Kleinbusse und in privater Hand. Sie halten nicht automatisch an jeder Haltestelle, sondern man muss an der Haltestelle seine Hand heben. Beim Aussteigen muss man drinnen auf einen Knopf über der Tür drücken für den Haltewunsch. Alle Verkehrsmittel innerhalb der Stadt kosten 20 Rubel. Bezahlt wird direkt im Verkehrsmittel – entweder beim Fahrer oder beim Schaffner (Konduktor). Die russische Version von Google ist Yandex. Über Yandex Maps (auch als App verfügbar) kann man die jeweilige Route planen und sich die verfügbaren Verkehrsmittel anzeigen lassen.

https://maps.yandex.ru/47/nizhny-novgorod/

ORTHODOXE KIRCHE

Die russische „Staatsreligion" ist das orthodoxe Christentum. Das Stadtbild ist geprägt von prächtigen Kirchen, die meist täglich geöffnet und frei zugänglich sind. Frauen sollten beachten, dass die Kirche nicht ohne Kopfbedeckung betreten werden darf. Manchmal muss man auch einen Rock tragen. Tücher zum Umbinden sind oftmals jedoch am Eingang erhältlich. Anders als in einer katholischen oder evangelischen Kirche gibt es keine Sitzgelegenheiten, sondern während des gesamten Gottesdienstes steht die Gemeinde, was gerade zu hohen Feiertagen mehrere Stunden sein kann. Die Kirchen sind meist sehr prunkvoll außen und innen verziert. In der orthodoxen Kirche spielen Ikonen – Bildnisse von Heiligen – eine wichtige Rolle. Bei dem Besuch einer Kirche gehen die Gläubigen durch die Kirche, küssen verschiedene Ikonen, zünden meist eine Kerze an und bekreuzigen sich mehrmals, auch noch vor dem Ausgang der Kirche. Anders als in der katholischen Kirche bekreuzigt man sich von der rechten zur linken Schulter. Wenn Sie einen Gottesdienst besuchen wollen, sollten Sie einen einheimischen Kirchgänger mitnehmen, da die Liturgie sonst unverstanden bleibt.

Ein weiterer Unterschied ist auch das **Kreuz** einer orthodoxen Kirche. Der obere, zusätzliche Querbalken symbolisiert das Schild, auf dem sich die INRI Aufschrift befand. Der untere schräge Balken stellt das Brett dar, auf das Jesus seine Füße stellen musste.

REGISTRIERUNG

Verfügen Sie nicht über eine dauerhafte Aufenthaltsgenehmigung oder ein Hochqualifiziertenvisum sind Sie als Ausländer verpflichtet, sich innerhalb von Sieben Arbeitstagen bei der örtlichen Migrationsbehörde zu registrieren. Selbst wenn Sie ein

Mehrfacheinreisevisum haben, ist eine Registrierung nach jeder Einreise notwendig, wenn Sie länger als Sieben Tage in Russland sind. Üblicherweise erfolgt die Registrierung durch Ihr einladendes Unternehmen oder in jedem Hotel automatisch. Darüber hinaus besteht die Möglichkeit, sich bei der Post zu registrieren, die das Formular dann an die Migrationsbehörde weiterleitet.

REISEFÜHRER-APP

Wenn Sie auf der Suche nach einer Reiseführer-App für Ihr Smartphone sind, dann ist „NNovgorod" zu empfehlen. Diese ist allerdings nur über das russische iTunes zu beziehen und nur auf Russisch oder Englisch verfügbar.

https://itunes.apple.com/ru/app/nnovgorod/id622580334?mt=8

SICHERHEIT

Nischni ist eine sichere Stadt, wenn man sich, wie in jeder Großstadt, an gewisse Grundregeln hält. Im Zentrum ist die Polizeipräsenz hoch und man kann sich auch nach Einbruch der Dunkelheit noch uneingeschränkt bewegen. Die Stadtgebiete weiter außerhalb, insbesondere Awtozawod, sollte man meiden.

SOZIALE NETZWERKE

Obwohl viele Russen auch einen Facebook-Account haben, ist die russische Variante „Vkontakte" wesentlich beliebter und frequentierter. Die meisten Restaurants oder Veranstaltungen in Nischni haben eigene Gruppen in diesem Netzwerk.

https://vk.com/

TAXI

Taxi fahren ist im Vergleich zu Deutschland wesentlich preiswerter. Es gibt überall in der Stadt offizielle Taxis mit Taxameter. Sie können auch ein Taxi per Telefon bestellen (z.B. Nowoe Taxi: +7 (831) 4-216-116). Um einiges günstiger sind Anbieter, wie Rutaxi (+7 (831) 215-55-55), die private Fahrer mit eigenem Auto vermitteln. Man ruft bei der Zentrale an und gibt die

Daten durch. Es wird einem sofort der Preis mitgeteilt. Daraufhin erhält man eine SMS mit dem Nummernschild und Typ des Autos. Falls Sie kein Russisch sprechen, können Sie auch ganz bequem per Internet oder App ein Taxi bei Rutaxi oder TapTaxi bestellen, indem Sie die Adresse eingeben. Das Taxi kommt je nach Tageszeit innerhalb von 15 Minuten. Sie können auch eine bestimmte Zeit festlegen, wenn Sie beispielsweise einen Flughafentransfer benötigen.

http://nnovgorod.rutaxi.ru/en/index.html

TOURISTENINFORMATIONSZENTRUM

Im November 2012 wurde das erste Touristeninformationszentrum in Nischni eröffnet. Es befindet sich in der Nähe der Schiffanlegestelle. Die Internetseite ist teilweise auch auf Deutsch verfügbar und gibt ihnen einen ersten Überblick.

Öffnungszeiten: Montag-Freitag 9-18 Uhr

Telefon: +7 (831) 272-71-72

Adresse: Nischnewolschkaja Nabereschnaja 6ж

http://de.nnwelcome.ru/

WETTER

Dass es in Russland nur kalt ist, gehört natürlich in die Schublade der Vorurteile. Es stimmt zwar, dass der Winter strenger ist und es auch schon mal bis -25°C werden kann, aber das ist kein Dauerzustand. Dafür wird man mit schönem Schnee belohnt. Es ist beeindruckend, die Wolga komplett zugefroren zu sehen. Generell sind der Frühling und der Herbst wesentlich kürzer als in Deutschland und der Winter deutlich länger. Er dauert in der Regel von Oktober bis März. Aber auf einen schönen Sommer mit Temperaturen bis zu +30°C können Sie sich auch freuen.

ZEITVERSCHIEBUNG

Die Uhren werden in Russland nicht umgestellt. Daher gibt es zu Deutschland eine Zeitverschiebung von einer Stunde im Sommer und zwei Stunden im Winter.

An- und Abreise

AUTO

Am meisten werden Sie die Autobahnen vermissen. Mal ganz abgesehen von der Qualität der Straßen, ist das Verkehrsnetz bei weitem nicht vergleichbar mit Deutschland. Zwischen Moskau und Nischni gibt es eine Landstraße, die M7. Allerdings ist eine Fahrt sehr unberechenbar und kann auch schon mal 8 Stunden dauern für knapp 400km.

BUS

Es gibt vier Busbahnhöfe in Nischni (Kanawinskaja, Sennaja, Schtscherbinki und Awtowoksal „Nischegorodskij"). Vollständigkeitshalber sollte hier genannt werden, dass man auch per Bus nach Moskau fahren könnte, doch ist der Bus neben den anderen Transportmitteln vernachlässigbar.

FLUGZEUG

Nischni ist zwar wesentlich größer als Frankfurt am Main, doch wenn man das erste Mal am Flughafen „Strigino" landet, bekommt man den Eindruck einer Kleinstadt, da es nur wenige Flüge pro Tag und so gut wie keine Flüge ins Ausland gibt. Die internationale Abkürzung ist GOJ. Der neue Flughafen wurde 2016 eröffnet. Leider gibt es seit 2015 keinen Direktflug mehr aus Deutschland. Es bleibt daher nur die Möglichkeit über Moskau zu fliegen. Moskau wird von allen großen deutschen Flughäfen teilweise mehrmals täglich angeflogen. Eine Übersicht über die Flugziele von Nischni aus, findet man auf der unten angefügten Homepage. Nach Moskau fliegen zum Beispiel Aeroflot, S7 und UTair. Der Flughafen liegt je nach Verkehrslage ca. 1 Stunde mit dem Auto vom Stadtzentrum entfernt. Ein Taxi bis zum Kreml kostet ca. 500 Rubel, wenn Sie ein Taxi per Telefon bestellen (Siehe oben „wichtige Informationen"). Es gibt offizielle Taxistände, die Taxameter verwenden. Mit diesen Taxis kostet die Fahrt ca. 800 Rubel. Der Taxistand am Flughafen hält auch Kindersitze bereit. Wenn Sie mit einem der Taxifahrer mitfahren wollen, der Sie anspricht, vereinbaren Sie unbedingt vorher den Preis, damit es nicht zu bösen Überraschungen kommt.

http://www.airportnn.ru/en/passazhiram

SAMMELTAXI

Vom Bahnhof aus kann man mit Kleinbussen nach Moskau fahren. Treffpunkt ist der Parkplatz gegenüber vom Bahnhof vor dem McDonalds. Mit ca. 900 Rubel ist das die günstigste, wenn auch unbequemste Variante nach Moskau zu fahren. Das Ticket kauft man direkt beim Fahrer.

ZUG

Die beliebteste Art in Russland zu reisen, ist mit dem Zug. Dies ist nach Moskau auch der komfortabelste Weg, wenn man direkt ins Zentrum möchte. Ankunft ist im Osten der Stadt am Kurski Bahnhof (Курский вокзал). Der schnellste und komfortabelste Zug ist der „Strisch" mit 3:45 Stunden. Im Zug können Sie einen Internetzugang kaufen für 99 Rubel. Der Siemens-Zug „Lastotschka" benötigt ca. 4 Stunden. Er ist mit unseren Regionalzügen vergleichbar. Tickets können in Reisebüros, am Bahnhof oder im Internet gekauft werden, wo die Tickets ausgedruckt werden müssen. Der Umtausch eines Tickets, das im Internet gekauft wurde, ist nicht möglich. Sie können das Ticket aber online stornieren gegen eine geringe Gebühr und hoffen, dass innerhalb eines Monats das Geld Ihrer Karte wieder gutgeschrieben wird. Um die Tickets zu stornieren, müssen Sie zunächst den Status der Tickets aktualisieren, dann erscheint ein Button, über den Sie die Rückgabe der Tickets veranlassen können. Vergessen Sie beim Zugfahren nie den Reisepass, denn der muss immer beim Einsteigen vorgezeigt werden. Jeder Wagon hat seinen eigenen Schaffner. Ein Ticket nach Moskau kostet ca. 2000 Rubel. Auf der folgenden Internetseite können Sie Zugverbindungen heraussuchen und Tickets kaufen: *http://pass.rzd.ru/main-pass/public/en.*

Sehenswürdigkeiten

In Nischni gibt es viel zu entdecken. Ich empfehle ihnen einfach durch die Altstadt zu schlendern und den Charme der Stadt auf eigene Faust zu erkunden, da es in fast jeder Straße ein geschichtsträchtiges Gebäude gibt, das sich zwischen Neubauten und fast verfallenden alten Holzhäusern einbettet. Im Folgenden eine alphabetische Auflistung der wichtigsten Sehenswürdigkeiten Nischni Nowgorods:

ALEXANDER-NEWSKI-KATHEDRALE

Die große, gelbe Kathedrale direkt auf der Strelka ist eines der  Wahrzeichen von Nischni, da Sie von vielen Standorten der Stadt aus sichtbar ist. Sie wurde von den Architekten R. Kielewein und L. Dal entworfen und in der Zeit von 1864 – 1881 erbaut. Mit ihrer Höhe von 87 Metern gehört sie zu den größten Kirchen Russlands. 1929 wurde die Kirche geschlossen und im 2. Weltkrieg in einem der Giebel ein Luftabwehrgeschütz zur Verteidigung der Stadt von Luftangriffen installiert. Die gesamte Innendekoration einschließlich der Fresken wurde durch mehrere Feuer in den 40er

---

Wer sich für Architektur interessiert und auf der Suche nach vorgegebenen Stadtspaziergängen ist mit ausführlichen Erklärungen zu einzelnen Häusern, dem sei der auch auf Deutsch erschiene Reiseführer **„Spaziergänge durch Nishnij Nowgorod"** von Jewgenij Strelkow mit sehr schönen Illustrationen empfohlen. Das Buch kann telefonisch bestellt werden unter: +7 (8312) 30-94-20 oder gegebenenfalls über die Gesellschaft für Deutsch-Russische Begegnung Essen e.V. (*www.deutsch-russische-begegnung.de*).

Jahren des 20. Jhs. zerstört. 1991 begann die langwierige Rekonstruierung.

Adresse: ulitsa Strelka 3a (ул. Стрелка, д. 3а)

http://nevskiy-nne.ru/

In der Nähe der Kathedrale auf dem alten Hafengelände entsteht das neue Fußballstadion für die Fußballweltmeisterschaft 2018.

BLAGOWESCHTSCHENSKI-KLOSTER

Wenn man aus Richtung der Alexander-Newski-Kathedrale über die erste Brücke (Kanawinskij Most/Канавинский мост) fährt, Sieht man bereits rechter Hand idyllisch am Hang gelegen das älteste Kloster der Stadt, das Blagoweschtschenski Monastyr (Благовещенский Монастырь). Seine Ursprünge liegen im 13. Jh. Es wurde damals zum Schutz des Flussübergangs an der Oka angelegt. Die Bauten, die heute zu sehen sind, gehen jedoch auf das 17. Jh. zurück. Das Kloster besteht aus mehreren Kirchen. Im Zentrum steht die Mariä-Verkündigungs-Kathedrale mit den schwarzen Kuppeln und den auffälligen Rundbögen. In unmittelbare Nähe zur Kathedrale befinden sich die Mariä-Entschlafens-Kirche mit den blauen Türmchen, der Glockenturm sowie der Speisesaal und die ehemaligen Mönchszellen. Auf der anderen Seite der Kathedrale erstrahlt im neuen, goldenen Glanz der restaurierten Kuppeln die Alexewskaja-Kirche mit seinen Säuleneingängen. Sie wurde im 19. Jh. gebaut, um dem Pilgerstrom aufgrund der wachsenden Bedeutung der Messe in Nischni gerecht zu werden. Zwischen dieser Kirche und der Kathedrale liegt darüber hinaus noch die Krankenstation des Klosters mit dem Krankensaal. Das Kloster ist gleichzeitig Sitz des **theologische Seminars** (Нижегородская духовная семинария) mit einer eigenen, kleinen Bibliothek und

einem Ausstellungsraum. Der Besuch des kleinen Museums muss telefonisch angemeldet werden (430-50-64).

Adresse: Pochwakinskij sjesd 5 (Похвалинский съезд, д. 5)

http://nds.nne.ru/

Unterhalb des Klosters entlang der Oka liegt ein in Vergessenheit geratenes Stadtviertel. Es wurde gleichzeitig mit dem Kloster angelegt und diente als dessen Vorstadt, was auch erklärt, dass es direkt dem Kloster unterstellt war. Erst Ende des 18. Jhs. wurde es zu einem Stadtteil Nischnis. Leider sind viele Häuser renovierungsbedürftig, doch ein Spaziergang entlang der Oka lohnt sich in jedem Fall, wenn man sich etwas fernab der Hauptsehenwürdigkeiten und des geschäftigen Treibens der Stadt bewegen möchte (Tschernigowskaja ulitsa/Черниговская улица). Auf Ihrer Strecke werden Sie einige schöne ehemalige Wohnhäuser aus dem 19. Jh. entdecken. Am Ende der Straße stoßen Sie auf ein Industriegelände mit einer stillgelegten Mühle. Dort haben sich einige **Fotostudios** angesiedelt, die man für ein Fotoshooting mieten kann. Wenn Sie unter der Metrobrücke hindurch gehen, stoßen Sie direkt auf das wunderschön restaurierte ehemalige Bahnhofsgebäude der Moskau-Kasaner Eisenbahn vom Beginn des 20. Jhs. Heute wird das Gebäude für Büros genutzt. Folgen Sie dem Feldweg weiter, stoßen Sie linker Hand auf eine große, alte Bahnhofsruine. Gegenüber am Ufer der Oka steht ein alter Wasserturm mit einem interessanten **Graffiti**.

BOLSCHAJA POKROWSKAJA

Die Bolschaja Pokrowskaja (Большая Покровская) ist die Haupt-Fußgängerzone der Stadt. Sie führt vom Minin-Platz zum Gorki-Platz und ist für Autofahrer gesperrt. Auch wenn immer mehr

Geschäfte in die großen Einkaufszentren umziehen, ist die Bolschaja Pokrowskaja bei den Einheimischen insbesondere wegen der vielen Restaurants beliebt. Diese laden im Sommer zum draußen sitzen ein, um den Straßenmusikern zu lauschen oder die vorbeigehenden Spaziergänger zu beobachten.

Wenn Sie Ihren Spaziergang vom Minin-Platz aus beginnen, vorbei am Gebäude des **ehemaligen Stadtparlaments** folgt nach

etwa 50m auf der linken Seite unter einem Wellblechdach der Eingang zum **Markt** (мытный рынок). Dort kann man insbesondere frisches Obst und Gemüse kaufen. Ein Blick auf den Fleischmarkt lohnt sich ebenfalls, allein interessehalber. Ob er den deutschen Hygienestandards – insbesondere in den Sommermonaten – entspricht, mag bezweifelt werden.

Etwas weiter folgt der Theaterplatz mit dem **Dramatheater**. Das Gebäude stammt aus dem Ende des 19. Jhs. Rechts daneben steht das Denkmal für Nikolai A. **Dobroljubow** (1836-1861), einem russischen Literaturwissenschaftler, der in Nischni geboren wurde. Wenn Sie mehr über

ihn erfahren wollen, besuchen Sie das **Dobroljubow-Museum** (Siehe unten „Museen, Kunst und Kultur"), das einstige Wohnhaus der Familie.

Kurz bevor die Straßenbahn die Bolschaja Pokrowskaja kreuzt, liegt rechter Hand in einer U-Form angelegt das **Gericht** der Region Nischni Nowgorod. Gegenüber befindet sich das ehemalige Gebäude der Adelsversammlung mit seinen sechs weißen Säulen, das heute das Swerdlow-**Kulturhaus** beherbergt. Hier finden verschiedene Veranstaltungen und Kurse statt – zum Beispiel Ballett für Kinder oder der Gottesdienst der evangelischen **Vineyard-Gemeinde** sonntags 11:30 Uhr. In den Räumlichkeiten befinden sich darüber hinaus eine **Ticket-Verkaufsstelle** von Kassir.ru und eine **Ausstellung exotischer Tiere und Reptilien**. Unweit des Kulturhauses steht ein **Denkmal** des Namensgebers **Swerdlow** (1885-1919) nach Überquerung der Straße auf der linken Seite hinter dem Kiosk. Swedlow wurde ebenfalls in Nischni geboren und war ein Politiker und Revolutionär.

Das wohl imposanteste Gebäude der Fußgängerzone ist das Gebäude der **Staatsbank** – heute die Filiale der Russischen Zentralbank in Nischni Nowgorod. Die Bank wurde aus Anlass der 300-jährigen Regentschaft der Romanows erbaut und scheint auf den ersten Blick einem Märchenfilm entsprungen zu sein. Auch innen steht die Bank dem äußeren Erscheinungsbild in nichts nach. Leider ist eine Besichtigung nur mit spezieller Führung oder einmal im Jahr zum Tag der offenen Tür möglich.

Folgen Sie der Bolschaja Pokrowskaja weiter bergauf Richtung Gorki-Platz sehen Sie auf der rechten Seite eine kleine Grünanlage. Dahinter befindet sich ein Gebäude, das zur **Lobachewski-Universität** gehört. Der größten Universität der Stadt. Hier finden gelegentlich im großen Saal in der zweiten Etage Konzerte statt.

Entlang des angrenzenden Zaunes in der nächsten Seitenstraße bieten die einheimischen **Maler** Ihre Werke an. Hier kann man schöne Ölgemälde der Stadt von einheimischen Künstlern kaufen.

Im nächsten Eckgebäude befand sich das erste Lichtspielhaus der Stadt, das auch heute noch ein Kino beherbergt (Kino Orlenok).

Unmittelbar daneben ist das **Puppentheater**. Danach, etwas versetzt, schließt sich der größte **Souvenirladen** der Stadt mit traditioneller Handwerkskunst der Region an. Das Gebäude beherbergt in der vierten Etage darüber hinaus das liebevoll eingerichtete **Museum des Kunsthandwerks**. Der Eingang ist allerdings etwas versteckt im rechten Seiteneingang. Am Ende der Bolschaja Pokrowskaja steht mit seinem kleinen Vorplatz das größte Kino der Innenstadt – das Kino Oktjabr.

Entlang der gesamten Bolschaja Pokrowskaja befinden sich Metallfiguren, die beliebte Fotomotive sind. Insbesondere die Ziege gegenüber vom Dramatheater ist bei den Kindern beliebt.

FEDOROWSKI UFERSTRASSE

Die Fedorowski Uferstraße (набережная Федоровского) –

benannt nach dem Mineralogen Nikolai Fedorowski (1886-1956) – lädt zum Spazieren und Verweilen ein. Sie befindet sich oberhalb der **Roschdestwenskaja** entlang der Oka. Von hier aus hat man sowohl am Tag als auch in der Nacht einen schönen Blick auf die Strelka (die Landzunge zwischen Oka und Wolga), die Unterstadt und insbesondere die **Alexander-Newski-Kathedrale.** Im Sommer finden verschiedene open-air Veranstaltungen statt – zum Beispiel Salsa-Kurse.

Die Fußgängerbrücke ist besonders bei Brautpaaren beliebt, um ein Schloss anzubringen als Zeichen für den ewigen Bund, den Sie eingegangen sind. In der Nähe der Fußgängerbrücke steht die aus dem Jahr 1672 stammende **Mariä-Entschlafens-Kirche** (Uspenskaja Zerkow), die im Zusammenhang mit dem roten Backsteinhochhaus im Hintergrund ein ungewöhnliches Bild bietet. Die Kirche wurde 2004 komplett renoviert. Am Ende  der Fedorowski Uferstraße kann man zusammen  mit dem lebensgroßen **Gorki-Denkmal** in die Weite Russlands blicken. Eine Kopie des Denkmals befindet sich übrigens in Magdeburg (Neu-Olvenstedt) – ein Geschenk an die damalige Partnerstadt.

GORKI-PLATZ

Am Ende der Fußgängerzone der Bolschaja Pokrowskaja schließt sich ein großer Kreisverkehr an, in dessen Mitte sich ein kleiner Park mit **Gorki-Denkmal** aus dem Jahr 1939 befindet. Das Denkmal von Vera Ignatewna Muchina gewann 1939 den Allunionswettbewerb, wurde aber aufgrund des 2. Weltkrieges erst 1953 eingeweiht. Zu diesem Platz hin führen alle wichtigen Straßen der umliegenden Stadtteile zusammen und Gorki ist schon von weitem mit seinem wehenden Mantel zu erkennen. Bei der Jugend ist der Platz insbesondere wegen der McDonald's Filiale beliebt. Unweit des McDonald's befindet sich die große Rostelekom Zentrale. Etwa 500m weiter, oberhalb des Gorki-Platzes, befindet sich der letzte große Kreisverkehr der Innenstadt, Ploschtschad Ljadowa, der bis zum 19. Jh. die Stadtgrenze markierte.

JOHANNES-KIRCHE

Die Kirche zu Ehren der Geburt Johannes des Täufers (Храм Рождества Иоанна Предтечи) ist malerisch gelegen unterhalb der Kremlmauer in der Nähe des Iwanow-Turms am Anfang der **Roschdestwenskaja**. Sie wurde 1683 erbaut. An dieser Stelle befanden sich bereits zuvor Holzkirchen, die jedoch dem Feuer zum Opfer gefallen sind. Der Standort war früher strategisch, da sich am Iwanow-Turm der Haupteingang zum Kreml befand. In der Sowjetzeit war die Kirche weitgehend zerstört und ungenutzt. Sie wurde jedoch 2005 komplett saniert und erstrahlt nun in neuem Glanz.

http://predtecha-ioann.ru/

Der weiträumige Platz vor der Johannes-Kirche ist der „Platz der Einheit des Volkes" (площадь Народного Единства) und Standort des **Minin- und Poscharski-Denkmals.** Das Denkmal stammt von Iwan Martos (1754-1835) und gedenkt des Volksaufstandes von 1612. Kosma Minin rief in Nischni die Bürger auf, sich gegen die eindringenden Polen zu wehren. In Nischni befindet sich jedoch nur eine Kopie. Das Original steht seit 1818 in Moskau auf dem Roten Platz. Das berühmte Gemälde auf Großleinwand von Konstantin Makowski (1839-1915) „Aufruf Minin" kann im **Kunstmuseum** auf der Werchnewolschskaja  Nabereschnaja 3 besichtigt werden (Siehe unten unter „Museen, Kunst und Kultur – Kunstmuseum"). Der Tag der Einheit des Volkes wurde 2005 als Feiertag auf den 4.11. festgelegt (Siehe oben „Feiertage und Feste").

KREML

Der Kreml von Nischni ist nach dem Moskauer Kreml der zweitgrößte des Landes. Seine Entstehungsgeschichte reicht zurück in das 14. Jh. Die Bauarbeiten wurden jedoch erst 1511 fertiggestellt, wobei der Kreml über die Jahrhunderte vielen Veränderungen ausgesetzt war. Er wird von einer ca. 2km langen, roten Backsteinmauer umgeben in die 13 Türme eingebunden sind. Fünf von ihnen sind quadratisch, die restlichen rund. Direkt am Minin-Platz gelegen ist er der **Dmitri-Turm**. Er ist der größte Turm und das Wahrzeichen der Stadt. Mit ihm wurde der Bau des Kreml begonnen. Er diente früher als Verteidigungszentrum des oberen Teils der Stadt. Die

Turmspitze wird gekrönt durch ein goldenes Stadtwappen – dem Hirsch. Der Kreml diente einst dem Schutz vor feindlichen Übergriffen. Diese Funktion verlor er jedoch in der Mitte des 17. Jhs. In der ersten Hälfte des 19. Jhs. hat sich das Gelände des Kreml stark verändert. Privathäuser wurden abgerissen und an deren Stelle öffentliche Gebäude errichtet. Während der Sowjetzeit erfuhr das Gelände nicht weniger einschneidende Veränderungen. Anstelle von Kirchen wurden Verwaltungsgebäude errichtet, so dass der Kreml seine Bedeutung als einstiges geistliches Zentrum verlor. Ab 1949 wurde der Kreml komplett restauriert und erhielt sein bis heute erhaltenes Aussehen. Heute ist der Kreml einerseits das Verwaltungszentrum der Stadt und der Region (Oblast). Er ist Sitz der Stadtverwaltung, der Stadtduma (Parlament), der Oblastregierung (Gouverneur), des Gesetzgebungsgremiums des Oblasts und des Vertreters des Präsidenten der Russischen Föderation in der Wolga-Region. Andererseits ist es auch das kulturelle Zentrum von Nischni. Hier befinden sich Museen, Ausstellungsräume und die **Philharmonie**

(weitere Informationen unter der Rubrik „Museen, Kunst und Kultur"). Vor allen Dingen wird der Kreml jedoch von den Einheimischen zum Spazieren-gehen genutzt, die von hieraus den atemberaubenden Blick auf die Wolga genießen. Das Gelände hat mehrere Eingänge und ist im Frühjahr und Sommer (1. Mai - 31. Oktober) von 6 Uhr bis 22 Uhr und im Herbst und Winter (1. November - 30. April) von 6 Uhr bis 21 Uhr zugänglich.

© http://www.ngiamz.ru/novosti/105-ob-yavleniya/219-polozhenie-o-poryadke-poseshcheniya-nizhegorodskogo-kremlya.html

1. Dimitrowskaja Turm; 2. Kladowaja (Vorratsturm); 3. Nikolskaja Turm; 4. Koromyslowo Turm; 5. Tainizkaja Turm; 6. Sewernaja (Nordturm); 7. Tschasowaja (Uhrturm); 8. Iwanowskaja Turm; 9. Belaja (weißer Turm); 10. Satschatskaja Turm; 11. Borisoglebskaja Turm; 12. Georgiewskaja (Georgsturm); 13. Parochowaja (Pulverturm); 14. Arsenal; 15. Manege 16. Stadtverwaltung und Parlament Nischni Nowgorods; 17. Erzengel-Michael-Kathedrale; 18. Oblastverwaltung, Sitz Gouverneur und des Vertreters des Präsidenten; 20. Kreuz und Kirche; 21. Philharmonie; 25. Obelisk; 26. Kunstmuseum; 27. Ewiges Feuer; 28. Ausstellung Kriegstechnik; 30. Denkmal

ERZENGEL-MICHAEL-KATHEDRALE

In der Mitte des Kremlgeländes steht die Erzengel-Michael-Kathedrale (Собор Михаила Архангела). Sie wurde 1631 zum Gedenken an den Sieg des von Minin und Poscharski zusammengerufenen Volkes über die Polen erbaut. An dieser Stelle stand jedoch bereits seit Gründung der Stadt eine Kirche. 1962 wurde der Leichnam von Kosma Minin hierher umgebettet, da die Kirche, in der sich das Grab zuvor befand, abgerissen worden war.

Gegen Ende des 18 Jhs. entstanden die rechts und links der Kathedrale liegenden Behördengebäude.

EWIGES FEUER

Wie in jeder größeren, russischen Stadt gibt es auch in Nischni ein ewiges Feuer im Gedenken an die Gefallenen des 2. Weltkrieges. Bei frisch vermählten Brautpaaren ist es üblich, am Hochzeitstag Blumen am ewigen Feuer niederzulegen. Darüber hinaus halten die Kadettenschüler regelmäßig eine Ehrenwache ab.

KREML-MAUER

Die Kreml-Mauer, die heute zu sehen ist, entspricht nicht dem Original, denn Sie wurde über die Jahrzehnte immer wieder restauriert und umgebaut. Die neuste Renovierung wurde im Jahr 2013 abgeschlossen mit dem Satschatskaja-Turm. Damit kann die Kreml-Mauer ein weiteres Stück erkundet werden. Insgesamt sind ca. 2/3 der gesamten Mauer begehbar. Der Zugang zur Mauer befindet sich direkt rechts hinter dem Durchgang des Dimitrij-Turms. Geht man die Treppe hinauf, befindet sich rechter Hand direkt das Ticket-Office. Von Mai bis November können Sie diesen faszinierenden Spaziergang entlang der Kreml-Mauer wagen. Zu empfehlen ist der Rückweg außerhalb des Kreml an der

Außenmauer entlang. Am **Satschatkaja-Turm** angekommen, sind im dortigen Museum die einstige Grundmauer und eine Fotoausstellung über den Verlauf der Bauarbeiten zu besichtigen.

Öffnungszeiten: von Mai bis November täglich 10-20 Uhr (Montag Ruhetag)

MESSE

Direkt an der Oka gelegen, zählt der Nischegorodskaja Jarmarka (Нижегородская Ярмарка) zu den stadtbildprägenden Gebäuden. Nach dem Brand des alten Messegeländes in Makarjev (Siehe unten „Ausflugsziele – Makarjev-Kloster") wurde die Messe Anfang des 19. Jhs. nach Nischni verlegt. Man bezeichnete Nischni als das Tor zwischen Asien und Europa, da dort die größte Messe Russlands im 19. Jahrhundert war. Dies änderte sich erst durch den Bau der Eisenbahn von Moskau nach Sibirien. Zu Sowjetzeiten gab es keine Messen, da Nischni als geschlossene Stadt für Ausländer gesperrt war. Das zentrale, rote Messegebäude, so wie es heute zu sehen ist, entstand Ende des 19. Jhs. Es ist von außen aufwändig gestaltet mit weißem Stuck und wird nachts wunderschön beleuchtet. Das Erdgeschoss ist täglich zwischen 10-19 Uhr zugänglich und beherbergt kleine Geschäfte. Auf der Rückseite der Messe befindet sich der Eingang zum **Museum der Wissenschaften** „Kwarki" (Siehe unten „Unterwegs mit Kindern"). In der ersten Etage ist der wunderschöne Wappensaal, der allerdings nur bei Veranstaltungen zugänglich ist. Das **neue Messegebäude** rechter Hand entstand zwischen 1993-1996. Heute wird die Messe nicht

nur für Messen, sondern auch für Konzerte, Kongresse und Ausstellungen genutzt.

http://www.yarmarka.ru/

Drei Parallelstraßen hinter der Messe steht in Laufweite entfernt die **Erlöser-Kathedrale** (Спасский Собор/Spasski Sobor). Sie wurde von 1817-1822 erbaut und ist damit ebenfalls in der Zeit der Verlegung der Messe von Makarjev entstanden.

MININ- UND POSCHARSKI-PLATZ

Der Minin- und Poscharski-Platz (площадь Минина и Пожарского) ist der zentrale Platz der Stadt. Er ist einerseits umgeben von herrschaftlichen Häusern, die auf den einstigen Reichtum der Stadt schließen lassen. Auf der anderen Seite wird er von der **Kreml-Mauer** begrenzt. Von hier aus führt die **Tschkalow-Treppe** hinab zum Wolgaufer. An Festtagen ist der Platz gesperrt und es werden eine Bühne und Stände aufgebaut. Insbesondere Ende des Jahres ist der große Tannenbaum ein echter Blickfang.

Kommt man von der Unterstadt auf den Minin-Platz erstrahlt rechter Hand im neuen Glanz das 2014 renovierte **Gebäude des ehemaligen Stadtparlaments (Duma)**. Es grenzt direkt an die **Bolschaja Pokrowskaja**. Es wurde von 1899-1904 im Auftrag vom Kaufmann N. Bugrow gebaut, der es anschließend der Stadt schenkte. Seit 2014 ist darin das Gericht der Region Nischni Nowgorod untergebracht.

Schräg gegenüber befindet sich ein kleiner Park mit Springbrunnen. Er wird im Sommer abends bunt beleuchtet. Hier befand sich 1847 die erste Wasserleitung der Stadt.

Überquert man die Straße befindet sich direkt gegenüber des **Dmitri-Turms** eingebettet in eine kleine Parkanlage das **Minin-Denkmal**. Es stammt aus den 1930-er Jahren.

Der Minin-Platz wird von weiteren eindrucksvollen Gebäuden gesäumt, die sich vom Minin-Denkmal bis Richtung Wolga-Ufer aneinander reihen. Das erste Eckgebäude ist das heutige **Gymnasium Nr. 1** mit erweitertem Deutschunterricht (Aufschrift über der Tür auch auf Deutsch). Hier können die Schüler zum Schulabschluss eine Prüfung ablegen und das Deutsche Sprachdiplom erwerben, welches Sie berechtigt an einer deutschen Universität zu studieren. Dies war stets möglich, da ein/e deutsche/r Lehrer/in hier unterrichtete. Rechts daneben in einem Gebäude der Lobatschewski-Universität befindet sich etwas versteckt ein kleines **Puschkin-Museum**. Geht man den Minin-Platz weiter Richtung Wolga folgt das Gebäude des **ehemaligen Priesterseminars**. Es stammt aus dem Jahr 1827 und beherbergt die **Minin-Universität**. Auffällig sind insbesondere die acht weißen Säulen im Eingangsbereich. An das Gebäude anschließend eröffnet sich ein kleiner Platz in dessen Mitte sich eine weitere **Büste von Minin** befindet, umgeben von einem Blumenbeet.

Überquert man die Minin-Straße folgt das letzte Gebäudeensemble. In grün gehalten erstreckt sich an der Ecke zur Werchnewolschkaja Nabereschnaja (Obere Uferstraße) das Gebäude der ehemaligen Schifffahrtsgesellschaft „Wolga". Es wurde Anfang des 20. Jhds. erbaut. Auch hier fallen erneut die Säulen insbesondere des Rondells ins Auge. Heute befindet sich hier die Verwaltung der **medizinischen Akademie**.

PETSCHERSKI-KLOSTER

Stadtauswärts Richtung Kasan liegt wunderschön am Hang des Wolgaufers gelegen das Petscherski-Männer-Kloster (Вознесенский Печерский Мужской Монастырь). Die Gründung des Klosters geht zurück auf das 14. Jh.
Allerdings wurde es um 1600 durch einen Erdrutsch komplett zerstört und ca. 2km entfernt, an der Stelle wo es heute steht, 30 Jahre später wieder aufgebaut. Die ganze Anlage ist durch eine überwiegend weiße Steinmauer mit runden Ecktürmen umgeben. Die Ecktürme sind mit einer Wetterfahne in Form eines Engels versehen. Das Zentrum bildet die Himmelfahrts-Kathedrale. Der vier-eckige Turm daneben mit der Uhr ist der Glockenturm. Entlang der Klostermauer stehen die Bischofsgemächer, die Mönchszellen, das Krankenhaus und am hinteren Ende die Peter-Pauls-Kirche – unschwer an dem kleinen Türmchen mit dem Kreuz zu erkennen. Darüber hinaus befinden sich noch zwei weitere Kirchen auf dem Gelände: direkt nach dem Eingang vor

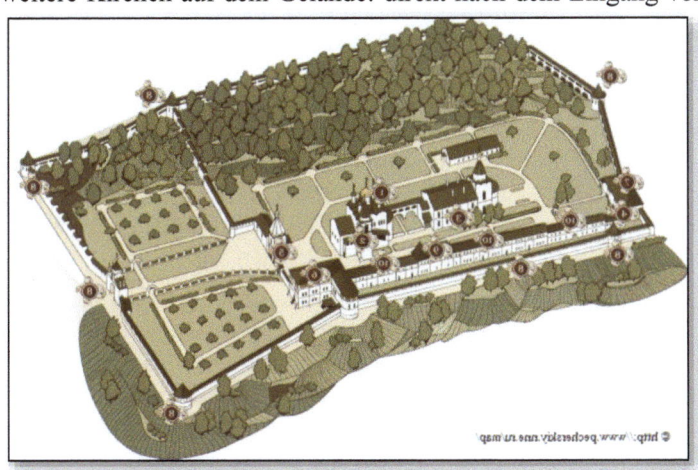

der Kathedrale die Kirche Jefimija Susdalskowo und am anderen Ende der Kathedrale die Mariä-Entschlafens-Kirche. Beide sind eher schlicht gehalten. Zwischen der Kathedrale und der Mariä-Entschlafens-Kirche erstreckt sich der Speisesaal. Ende des 19. Jhs. wurde das Haupttor, die heutige Zufahrt zur Anlage, hinzugefügt.

http://www.pecherskiy.nne.ru/

ROSCHDESTWENSKAJA STRASSE

Die Roschdestwenskaja (Рождественская улица) ist eine der ältesten Straßen der Stadt und befindet sich im unteren Teil des Zentrums von Nischni, parallel zur Unteren Uferstraße (Nischne-Wolschkaja Nabereschnaja/Нижне-Волжская набережная). Hier kann man sehr schöne, alte Häuser mit vielen Details und Verzierungen bestaunen, die den früheren Reichtum der damaligen Kaufmannsfamilien erahnen lassen. Viele Gebäude stammen aus dem 19. Jahrhundert und waren früher unter anderem Banken, Geschäfte und Wohnhäuser. 2013 wurde die Straße komplett saniert und lädt heute zum Flanieren und zu einem Restaurantbesuch in einem der unzähligen Lokalitäten ein.

Gleich zu Beginn der Straße wo sich heute das französische Restaurant Gawrosch (Гаврош) befindet, war einst die **Rukawischnikow-Bank** (Nr.23). Sie wurde nach einem Entwurf des russischen Architekten Fjodor Schechtel von 1908-1916 erbaut. Achten Sie auf die Skulpturen des Arbeiters und der Bäuerin neben der Informationstafel, die die Industrie auf der einen Seite und die Landwirtschaft auf der anderen Seite symbolisieren. Es ist ein riesiger Komplex dessen Ausmaße sich erst von der Nischne-Wolschkaja Nabereschnaja erahnen lassen mit seiner imposanten Fassade im gotischen Stil.

Ungefähr in der Mitte der Straße befindet sich der **Markina-Platz** (пл. Маркина) mit einem kleinen Park mit Springbrunnen und dem **Denkmal** der Helden der Wolgakriegsflotte. Der Park wird am Wolgaufer vom Retschnoi Woksal und auf der Seite der Roschdestwenskaja von der ehemaligen **Passage** der Kaufleute Blinow gesäumt. Das große Ziegelsteingebäude mit dem markanten Eckturm stammt aus den 1870-er Jahren und beherbergte früher Hotels, Restaurants und Läden. Der **Retschnoi Woksal** (речной вокзал) stammt aus dem Jahr 1964 und sieht aus wie ein Schiff. Von hier aus starten Schiffsrundfahrten und -ausflüge (Siehe unten „Erholung und Sport").

Geht man die Straße weiter, stößt man auf die wohl außergewöhnlichste Kirche der Stadt – die **Mariä-Geburt-Kathedrale** (Церковь Собора Пресвятой Богородицы). Nicht nur die rote Farbe und die bunten Türme sondern insbesondere der sogenannte Stroganow-Stil, eine Spielart des russischen Barockstils macht sie einzigartig. Sie wurde 1719 im Auftrag der Stroganow-Familie erbaut. Die Stroganows waren eine mächtige Kaufmanns-Dynastie, die durch den Salzhandel reich wurden. Sie besaßen unweit der Kirche ein Wohnhaus und ein Anwesen. Das Anwesen (Nr. 43-45) im klassizistischen Stil besteht aus einem Haus, zwei Nebengebäuden und einen Hof, der damals unverbaut zum Fluss hin offen war.

Für die Straße gibt es eine eigene Reiseführer-App (*http://nn-guide.ru/*). Dazu finden Sie an verschiedenen Gebäuden einen QR-Code zum Einscannen auf Ihrem Smartphone. Sehr informativ und sehr gut gemacht, aber leider nur auf Russisch.

TSCHKALOW-DENKMAL UND -TREPPE

Das Denkmal des Piloten Waleri Tschkalow (1904-1938) wurde zwei Jahre nach seinem tragischen Tod errichtet. Es stammt vom Bildhauer Isaak Mendelewitsch (1887-1952). Tschkalow war Testpilot und kam bei  einem Testflug ums Leben. Mit seinem Rekordflug von Moskau nach Portland (Oregon, USA) über den Nordpol in 63,5 Stunden wurde er berühmt. Auf dem Marmorsockel sind die Fluglinien verewigt. Seine Geburtsstadt trägt heute seinen Namen – Tschkalowsk – und liegt ca.100km von Nischni entfernt flussaufwärts ebenfalls an der Wolga. Das Denkmal ist ein beliebter Treffpunkt, um den Sonnenuntergang über der Strelka zu genießen.

Direkt hinter dem Denkmal schließt sich die **Tschkalow-Treppe**  (Чкаловская лестница) an. Sie ist die Verbindung von der oberen zur unteren Wolgauferstraße. Sie wurde von 1943-1949 von deutschen Kriegsgefangenen gebaut zum Gedenken an die Schlacht um Stalingrad. 2013 wurden sowohl die Treppe als auch die **untere Wolga-Uferstraße** (Нижне-Волжская набережная) komplett saniert und laden zum Spazierengehen oder Fahrradfahren ein. Leider ist die Uferstraße nur bis zum Rechnoj Wokzal saniert. Dahinter befindet sich eine „ewige Baustelle". Am unteren Ende der Treppe steht als Denkmal konzipiert das **Kriegsschiff „Geroi"** (Held), das unter anderem im 2. Weltkrieg zum Einsatz kam. 2014 wurde an der Uferpromenade stadtauswärts eine neue Statue in Form eines **Hirschs**, dem Wappentier der Stadt, errichtet. Sie wurde vom polnischen Konsulat gestiftet für die polnisch-russische Freundschaft. Die Tschkalow-Treppe ist eingebettet in den **Alexandrowski Park** (Siehe unten „Park und Seen").

WERCHNEWOLSCHSKAJA-NABERESCHNAJA

Die obere Wolga-Uferstraße (Верхне-Волжская набережная) ist eine der Flaniermeilen in Nischni, da man von hieraus einen wunderschönen Blick auf die Wolga und die Weite Russlands hat. Machen Sie es wie die Einheimischen und schlendern Sie gerade abends zum Sonnenuntergang einmal die Straße hin und zurück.

Am Anfang der Straße (in der Nähe des Kreml) befinden sich einige interessante Museen. Gleich im Anschluss an das Verwaltungsgebäude der **medizinischen Akademie** (Siehe oben „Minin- und Poscharski-Platz") steht das **Haus der Architekten** (Дом Архитектора). Hier gibt es Wechselausstellungen und gelegentlich Konzerte. Etwas weiter – vorbei am Schandfleck der Straße, dem ehemaligen Hotel („Wolschki Otkos") Rossija – folgt das **Kunstmuseum**. Direkt gegenüber steht seit 2014 ein 2m hohes Denkmal mit einer Büste von Dimitri Sirotkin. Er war von 1913-1917 Bürgermeister der Stadt.

Das wohl schönste Gebäude sowohl der Straße als auch der Stadt ist die in Blau gehaltene, ehemalige **Rukawischnikow-Villa** (Усадьба Рукавишниковых) – heute Museum und Veranstaltungsort für

Konzerte (Siehe unten „Museen, Kunst und Kultur"). **Sergei M. Rukawischnikow** (1852-1914) war ein Kaufmann und Industrieller aus Nischni. Das Haus ist nicht nur außen, sondern auch innen prunkvoll und aufwändig im italienischen Stil gestaltet und lässt den Reichtum der Familien-Dynastie erahnen. Es war beim Bau Ende des 19. Jh. das mit Abstand teuerste Haus, das jemals in Nischni gebaut wurde und verfügte als eines der ersten Häuser über Strom und einen Fahrstuhl. Wenn Sie weiter auf den Spuren der Rukawischnikows wandeln wollen, empfiehlt sich auch ein Ausflug mit dem Auto zum Sommersitz, der sich knapp 1,5 Stunden außerhalb von Nischni befindet (Siehe unten „Ausflugsziele").

Etwa 100m weiter steht im absoluten baulichen Kontrast zur Rukawischnikow-Villa das ca. 100 Jahre später entstandene heutige **Hotel Oktjabrskaja** (Гостиница Октябрьская). Davor ist ein kleiner Platz angelegt mit einem **Denkmal** zu Ehren von Pjotr Nesterow (1887-1914). Nesterow wurde in Nischni geboren. Er wurde als Pilot bekannt, der erstmals einen Looping flog. Er kam im ersten Weltkrieg bei einem Einsatz ums Leben. Passend zum Denkmal steht auf der gegenüberliegenden Straßenseite ein Miniaturflugzeug wie sie zu Beginn des 20. Jhs. im Einsatz waren. Am anderen Ende des Platzes, an der Minin-Straße, befindet sich noch eine schöne, kleine Kirche – Zerkow Ikonui Boschej Materi Wsjech Skorbjaschtschich Radost (Церковь Иконы Божией Матери „Всех Скорбящих Радость").

Folgen Sie der Straße weiter und lassen Sie sich von der Baukunst des beginnenden 20. Jhs. und vom einstigen Reichtum der Stadt beeindrucken. Hier wohnte früher die Elite Nischnis. Der große rote Komplex mit den auffälligen weißen Skulpturen ist die **Technische Universität**. Unterhalb der Uferstraße befindet sich am Hang der **Alexandrowski-Garten** (Alexandrowski Sad/Александровский сад) (Siehe unten „Parks und Seen").

Parks und Seen

Nischni Nowgorod ist eine vergleichsweise grüne Stadt mit vielen Parks, die in der gesamten Stadt verteilt sind. Gerade im Zentrum gibt es viele grüne Oasen, wo man spazieren gehen oder sich auf einer Bank ausruhen kann. In fast jeder Grünanlage befindet sich ein Spielplatz.

ALEXANDROWSKI SAD

Der Alexandrowski Garten war der erste öffentliche Park in Nischni. Er liegt am Hang zwischen der oberen und unteren Wolgauferstraße (Верхне- и Нижне-Волжская набережная) unweit des Kreml und ist ca. 35 ha groß. Entstanden ist er in den 30er Jahren des 19. Jahrhunderts im Auftrag von Zar Nikolaus I. Zu diesem Zweck ließ er alle Gebäude auf dieser Fläche abreißen und einen Park im Stil eines englischen Landschaftsparks anlegen. Nikolaus I. widmete den Garten seiner Frau Alexandra, die die Namensgeberin des Parks ist. Nach dem 2. Weltkrieg wurde die **Tschkalow-Treppe** (Siehe oben „Sehenswürdigkeiten") gebaut und in den Park integriert. Im Sommer bietet er aufgrund der großen, alten Bäume Schatten, auch finden hier Konzerte oder Open-Air-Kino statt. Im Winter fahren die Einheimischen auf einer selbstpräparierten Loipe Langlaufski. Er ist der ideale Ort zum Relaxen mitten im Zentrum mit einem schönen Blick in die Weite Russlands und auf die Wolga. Dabei kann man kurzweilig vergessen, dass man sich mitten in einer Großstadt befindet. Am Ende des Parks flussabwärts befindet sich das gleichnamige Hotel (Siehe unten „Hotels & Wohnen").

BOTANISCHER GARTEN

Der Botanische Garten ist Teil der Lobachewski Universität und wurde 1934 auf Initiative von Professor Sergej Stankow (1892-1962) gegründet. Professor Stankow war gleichzeitig der erste Direktor. Die Anlage ist 35 ha groß und befindet sich im Südosten der Stadt unweit des Prospekt Gagarina an der gleichnamigen Straße ulitsa Botanitscheski Sad. Es gibt auch ein Gewächshaus mit tropischen Pflanzen. Eine Besichtigung des Botanischen

Gartens ist nur nach vorheriger Anmeldung von Mai-Oktober möglich und nur im Rahmen einer geführten Tour.

Öffnungszeiten: Montag-Freitag 9-17 Uhr; am Wochenende geschlossen

Adresse: ulitsa Botanitscheski Sad 1 (ул. Ботанический сад, д.1)

Telefon: 8 (831) 465-51-41

http://www.unn.ru/botanicus/

MESCHTSCHERSKOJE OSERO

Der Meschtscherskoje See (Мещерское Озеро) ist ca. 1km lang und damit der größte See der Stadt. Er wird von den Einheimischen als Badesee genutzt. Er befindet sich in der Unterstadt in der Nähe des Einkaufzentrums Sedmoe Njebo. Auf der Seite des Mescherskie Boulevard gibt es einen kleinen Sandstrand zum Sonnenbaden. Es führen zwei Fußgängerbrücken über den See und man kann einen schönen Spaziergang machen. Allerdings Sieht man dabei auch den Müll, der an das Ufer gespült wird, was nicht gerade zum Baden einlädt.

PARK KULIBINA

Dieser Park, der nach **Iwan Kulibin** (1735-1818) benannt wurde, befindet sich zwischen der Maxim-Gorki-Straße und der Belinskowo-Straße direkt am Jugendtheater (Siehe unten „Unterwegs mit Kindern"). Er ist 12 ha groß. Unweit des Jugendtheaters steht eine **Büste Kulibins**. Er wurde in Nischni geboren und war ein Mechaniker, Uhrenbauer und Erfinder. Am anderen Ende des Parks steht die **Kirche der heiligen Apostel Peter und Paul** (Храм Святых Апостолов Петра и Павла). Hier befindet sich auch das **Grab Kulibins** mit einer Gedenktafel. Das ist damit zu erklären, dass sich auf dem heutigen Parkgelände von 1775-1940 ein Friedhof befand. Das ist jedoch der einzige Hinweis auf seine frühere Bestimmung. In den 1960er Jahren wurde die Kirche zu einem Kino umgebaut und erst 1990 wieder zu Ihrem ursprünglichen Zweck umgewidmet.

PARK PUSCHKINA

Der Puschkin-Park liegt ebenfalls an der ulitsa Belinskowo (улица Белинского) etwas weiter Richtung Gorki-Platz. Es ist ein kleiner Birken-Park umgeben von Hochhäusern mit einem modernen Spielplatz. Am Rand des Parks steht eine große Antennenanlage. Es ist geplant, in den nächsten Jahren ein neues Opernhaus im Park zu bauen. Allerdings stößt dies auf großen Widerstand der Anwohner.

PARK SCHWEJZARIA

Der Schweizer Park ist der zweitgrößte und einer der bekanntesten Parks in Nischni. Seine Entstehung geht auf Anfang des 20. Jahrhunderts zurück. Er befindet sich im oberen Teil der Stadt zwischen dem Prospekt Gagarina und dem Steilufer zur Oka, von wo aus man einen schönen Blick auf den unteren Teil der Stadt hat. Mit einer Länge von 3,5 km lädt er zum Spazieren gehen und Erholen ein. Der Besuch des Parks ist kostenlos. Die erste Haltestelle aus der Stadt heraus ist Tobolskie Kasarmy (Тобольские Казармы) – die letzte Haltestelle ist Mysa (Мыза). Steigt man an der Haltestelle Kinotheater Elektron (кинотеатр Электрон) aus, stößt man direkt auf das **Denkmal** für die Gefallenen aus Nischni in Afghanistan und Tschetschenien. Nicht nur für Kinder ist im Sommer der **Rummel** interessant (täglich von 10-20 Uhr). Er bietet viele Fahrgeschäfte – Riesenrad (Eingang ulitsa  Medizinskaja), Kettenkarussell, Autoscooter (Eingang ulitsa Surikowa). Für das leibliche Wohl wird auch gesorgt, insbesondere die Schaschliks sind zu empfehlen. Im Winter ist der Park ideal für Ski-Langlauf. Es gibt sogar einem kleinen Hang unterhalb des Parks für Abfahrtski (Siehe unten „Erholung & Sport").

SCHTSCHOLKOWSKI HUTOR

Der Stadtwald (Щёлковский хутор) ist der größte Park der Stadt. Aufgrund seiner drei Seen ist er besonders im Sommer beliebt zum Baden oder zum Sonnen am kleinen Sandstrand. Viele Familien oder junge Leute nutzen den Park auch zum Grillen. Erkundigen Sie sich aber vorher, ob offene Feuer erlaubt sind. In den Sommermonaten ist die Brandgefahr hoch, so dass Grillen im Park oft untersagt wird. Leider ist das Umweltbewusstsein noch nicht so weit entwickelt, so dass der Müll oft einfach liegen gelassen wird. Im Winter ist es der schönste Ort für Ski-Langlauf. In unmittelbarer Nähe zum Park befindet sich ein Skiverleih (Siehe unten „Erholung & Sport"). Anders als in den anderen Parks werden eigene Loipen durch den Wald präpariert oder man läuft einfach über die zugefrorenen Seen. Am Eingang des Parks befindet sich das gleichnamige Architektur und Heimatmuseum (Siehe unten „Museen, Kunst und Kultur").

SORMOWSKI PARK

Wie der Name bereits verrät, befindet sich der Park in der Region Sormowo – stadtauswärts Richtung Moskau. Es ist in erster Linie ein Freizeitpark mit vielen Attraktionen für Groß und Klein – ganzjähriger Eishalle zum Schlittschuhfahren, Zoo, Rummel mit Fahrgeschäften für Kinder und Erwachsene, Riesenrad, Go-Kart-Bahn, Freibad (Siehe unten „Unterwegs mit Kindern"). An der Engels-Straße (улица Энгельса) befinden sich zwei bewachte Parkplätze (80 Rubel pro Tag). Alle kostenpflichtigen Attraktionen im Park können nicht bar bezahlt werden, sondern es muss zunächst eine Karte für 50 Rubel erworben werden, die man an der Kasse mit Geld aufladen kann. Man sollte aber keine europäischen Maßstäbe eines Freizeitparks ansetzen, um nicht enttäuscht zu werden. In erster Linie ist es wie auf jedem Rummel laut und die Attraktionen überschaubar. Lässt man die Attraktionen hinter sich kann man im Sommer einen schönen Spaziergang durch den weitläufigen Park machen. Bestandteil des Parks ist darüber hinaus ein See. Es gibt sogar einen kleinen Sandstrand und ein nettes Café mit Terrasse und Blick auf's Wasser.

Wer gerne grillt, kann darüber hinaus für 4000 Rubel pro Tag einen **Grillplatz** samt Equipment in einem abgeschlossenen Gebiet innerhalb des Park an einem kleinen See mieten.

http://sormovopark.ru/

Museen, Kunst und Kultur

Nischni hat ein großes Kulturangebot. Einiges kann man zwar nur in Anspruch nehmen, wenn man Russisch versteht, doch auch ohne Russischkenntnisse bietet die Stadt für jeden Geschmack etwas. Beim Museumsbesuch ist zu beachten, dass der Ticketverkauf mindestens 30 Minuten bis zu einer Stunde vor Schließung des Museums endet. Einmal im Jahr gibt es im Frühjahr eine Nacht der Museen, wo alle Museen kostenlos besucht werden können und teilweise besondere Führungen angeboten werden.

ARSENAL

Das Arsenal beherbergt das Museum für moderne Kunst und befindet sich im Kreml (Korpus 6) entlang der Kreml-Mauer. Es wurde aufwendig renoviert. 2015 wurde der zweite Teil fertig gestellt und wieder eröffnet. Das Museum beherbergt Wechselausstellungen und ein kleines Café. Das Arsenal kann auch für Veranstaltungen gemietet werden. Gelegentlich finden Konzerte statt. Es ist innen schlicht und großräumig. Die Wände sind unverputzt, so dass der Backstein zu sehen ist, was dem Museum ein ganz besonderes Ambiente verleiht. Täglich von 12-20 Uhr geöffnet (außer montags).

http://www.ncca.ru/nnovgorod

AUSSTELLUNGSSAAL

Direkt am Beginn der Bolschaja Pokrowskaja ist linker Hand eine Bildergalerie über mehrere Etagen mit unterschiedlichen Ausstellungen. Zu empfehlen ist die zweite Etage mit aus Blättern hergestellten Bildern von Alexander Jurkow (Александр Юрков – 1935-2014) in der Ausstellung der Blätter (выставка листьев). Wenn man die Bilder betrachtet, ist kaum zu glauben, dass der Künstler keine Farbe verwendet hat, sondern getrocknete Blätter und Kleber. Montag Ruhetag; ansonsten 12-19 Uhr geöffnet; Eintritt 100 Rubel.

AUTOMUSEUM

Museum der GAZ-Werke. Alte Autos insbesondere der bekannte Wolga. Ca. 30 Fahrzeuge und Geschichte der Autoindustrie und der GAZ-Werke. Das Museum ist gut mit der Metro zu erreichen.

Öffnungszeiten: Mo-Do 9-18 Uhr

Freitag 9-17 Uhr

Samstag 9-16 Uhr

Adresse: Prospekt Lenina 95 (unweit der Haltestelle Komsomolskaja Prochodnaja/ Комсомольская проходная)

Telefon: (831) 290-86-98 (Führungen müssen vorbestellt werden)

http://xn----8sbigjekv7d.xn--p1ai/

BÜCHEREI

Die Stadtbücherei befindet sich in Laufnähe zum Kreml am Anfang der Warwarskaja Straße. Man benötigt einen Mitgliedsausweis, der in der Bücherei beantragt werden kann, um in die Bücherei zu gelangen und Bücher ausleihen zu können. Seit 1999 gibt es Dank des Goethe-Instituts einen deutschen Lesesaal mit ausschließlich deutschsprachiger Literatur. In regelmäßigen Abständen werden deutsche Filme gezeigt und besprochen. Informationen dazu findet man auf der VKontakte-Seite.

Adresse: Ulitsa Warwarskaja 3 (ул. Варварская, 3)

Öffnungszeiten: Mo-Do 9-20 Uhr

Fr-Sa 10-18 Uhr

https://vk.com/dsaal_nn

http://www.nounb.sci-nnov.ru

DOBROLJUBOW-MUSEUM

Im einstigen Wohnhaus von Nikolai Dobroljubow (1836-1861) ist ein Museum über den Literaturwissenschaftler eingerichtet. Das Museum ist etwas versteckt unweit der Bolschaja Pokrowskaja. Da wo die Straßenbahn die Fußgängerzone kreuzt, führt rechts hinter dem beliebten Fotomotiv des aus Metall gefertigten Paares eine kleine Einbahnstraße direkt zum Museum. Sie müssen zunächst im großen Gebäude neben dem ehemaligen Wohnhaus ein Ticket kaufen.

Adresse: Ulitsa Lykowaja Damba 2 (ул. Лыковая Дамба 2)

Eintritt: Ausländer zahlen 150 Rubel

Öffnungszeiten: täglich 9-17 Uhr

http://www.dobrolyubov-museum.ru/

DRAMATHEATER

Eines der schönsten Gebäude auf der Bolschaja Pokrowskaja ist das Theater (Foto Siehe oben unter „Sehenswürdigkeiten"). Es ist benannt nach Maxim Gorki. Auf der Internetseite ist das laufende Programm einsehbar. Tickets können direkt mit Kreditkarte online erworben werden.

Adresse: Bolschaja Pokrowskaja 13 (ул. Большая Покровская, 13)

http://www.drama.nnov.ru/

FOTOGRAFIE-MUSEUM

In einer Seitenstraße unweit der Balschaja Pakrowksaja und dem Dramatheater befindet sich ganz unscheinbar in der Ulitsa Piskunova 9a das Fotomuseum. Es wurde 1992 eröffnet und zeigt über zwei Etagen einerseits die Geschichte der Fotografie und, was vielleicht noch interessanter ist, alte Fotografien von Nischni Nowgorod.

Eintritt: Erwachsene 150 Rubel

Kinder/ Rentner 75 Rubel

Öffnungszeiten: Mo-Mi 11-19 Uhr

Donnerstag 12-20 Uhr

Freitag Ruhetag

Samstag + Sonntag 11 - 17 Uhr

Adresse: ulitsa Piskunova 9a (ул.Пискунова, 9а)

http://www.fotomuseum.nnov.ru/

KOMÖDIENTHEATER

Das Komödientheater befindet sich ebenfalls unweit der Bolschaja Pokrowskaja. Programm und Tickets gibt es an der Kasse und auf der Internetseite.

Adresse: ulitsa Grusinskaja 23 (ул. Грузинская, 23)

http://www.comedia.nnov.ru/

KONSERVATORIUM

An der Musikhochschule werden die Musiker von morgen ausgebildet. Der Eingang ist etwas versteckt. Wenn Sie an der Piskunowa Straße vor den Plakaten der Vorankündigungen stehen, gehen Sie die schmale Gasse am Park entlang. Dann stoßen Sie direkt auf das Gebäude. Es finden regelmäßig Konzerte nicht nur von Studenten statt. Aktuelle Veranstaltungen können auf der Internetseite eingesehen werden. Das Highlight ist jedoch die **Alexander Schuke-Orgel** aus Potsdam aus dem Jahr 1960. Ein Orgelkonzert mit diesem schönen Instrument sollten Sie sich nicht entgehen lassen.

Adresse: ulitsa Piskunowa 40 (ул. Пискунова, 40)

http://www.nnovcons.ru/

KUNSTMUSEUM

Das Kunstmuseum umfasst mehr als 10.000 Exponate und ist auf zwei Gebäude aufgeteilt. Exponate der russischen Kunst befinden sich im Kreml (Korpus 3). Die überwiegend westeuropäische Kunst befindet sich in der Werchnewolschskaja Uferstraße 3. Im letztgenannten Museum sollten Sie unbedingt das raumhohe Gemälde (7mx6m) des russischen Malers Konstantin Makowski (1839-1915) „Der Aufruf Minins" (1896) anschauen. Der Künstler malte insgesamt 6 Jahre an dem Bild. Seit 1972 ist es in dem eigens dafür gebauten Raum im Museum zu bewundern. Dieser Raum ist etwas versteckt. Gehen Sie an der Garderobe vorbei in die zweite Etage. (Weitere Informationen zu Minin Siehe oben unter „Sehenswürdigkeiten – Johannes-Kirche".)

Öffnungszeiten: täglich 11-18 Uhr

Donnerstag 12-20 Uhr

Dienstag – Ruhetag

http://www.artmuseumnn.ru/

http://www.artmuseumnn.ru/kartina-k-e-makovskogo-vozzvanie-minina/

MAXIM-GORKI-MUSEEN

Was viele nicht wissen, ist, dass der Name „Maxim Gorki" nur ein Künstlername war. Sein richtiger Name lautete Alexej Maksimowitsch Peschkow (1868-1936). Gorki bedeutet im russischen „bitter". Nischni Nowgorod hieß von 1932-1990 Gorki im Gedenken an den hier geborenen Schriftsteller. Bis heute kommt man in Nischni Nowgorod nicht an Gorki vorbei. Nach ihm sind Plätze benannt, es gibt Denkmäler und drei Museen.

KASCHIRIN-HAUS

Das Haus, in dem er als Kind kurze Zeit lebte, wurde 1938 zu einem Museum umgewandelt. Dieses Haus beherbergte zeitweise 16 Personen. Gorki lebte hier im Alter von 3-4 Jahren mit seiner Mutter bei der Familie seines Großvaters nachdem sein Vater an Cholera verstorben war. Das Museum zeigt Gegenstände aus Handwerk und Alltag aus dem 19. Jh. Als Einstimmung können Sie den autobiografischen Roman „Meine Kindheit" (1913) lesen.

Adresse: Potschtowui Sjesd 21 (Почтовый съезд, 21)

Öffnungszeiten: täglich 9-17 Uhr

Donnerstag 11-18 Uhr

Dienstag + Mittwoch Ruhetag

http://www.museums.unn.ru/danco/expos/kh.shtml

LITERATURMUSEUM

Das Gebäude, in dem sich das Literaturmuseum seit 1934 befindet, war früher eine Stadtvilla. Leider ist das Haus sehr renovierungsbedürftig. Dennoch lohnt sich ein Besuch allein aufgrund der Innenausstattung. Die reich verzierten und stattlich eingerichteten Räume mit Stuck, Holz und Marmortreppe, geben einen Einblick in das Leben der Oberschicht Ende des 19. Jhs. Das Museum hat sich in erster Linie zur Aufgabe gestellt, die Vielfalt der Verbindungen des Schriftstellers mit Nischni zu präsentieren und dabei von Geschichten über Ereignisse und Menschen zu berichten.

Adresse: Minin Straße 26 (ул. Минина, 26)

Öffnungszeiten: täglich 9-17 Uhr

Donnerstag 11-19 Uhr

Montag + Dienstag Ruhetag

http://www.museums.unn.ru/danco/expos/lm.shtml

WOHNHAUS

In diesem Wohnhaus hat Gorki mit seiner Familie von 1902-1904 eine Wohnung gemietet. Dies war auch gleichzeitig die letzte Wohnung, bevor er Nischni Nowgorod verließ. In dieser Zeit entstanden 50 Werke. Das Museum wurde 1971 eröffnet. Es zeigt das Leben der Familie, aber auch die Beziehungen zu Zeitgenossen und Gleichgesinnten. Man sagt, die Wohnung sei das Zentrum des sozialen, kulturellen und künstlerischen Lebens der Stadt gewesen.

Adresse: Semaschko Straße 19 (ул. Семашко, 19)

Öffnungszeiten: täglich 9-17 Uhr

Mittwoch 11-19 Uhr

Montag + Donnerstag Ruhetag

http://www.museums.unn.ru/danco/expos/hm.shtml

MUSEUM DES KUNSTHANDWERKES

Das Museum der Geschichte der Kunst und des Handwerks der Region Nischni Nowgorod befindet sich in der Mitte der Fußgängerzone (Bolschaja Pokrowskaja) in der 4. Etage über dem großen Souvenirladen. Der Eingang ist etwas versteckt. Er liegt rechter Hand vom Souvenirladen nach dem Durchgang zwischen Souvenirladen und Puppentheater. Der Besuch des liebevoll eingerichteten Museums lohnt sich jedoch in jedem Fall. Holzschnitzereien, Ikonen, Spielzeug und alles, was in der Region hergestellt wurde und bis heute noch hergestellt wird, ist hier zu finden. Wenn Sie keine Zeit haben, dass Museum zu besuchen, ist zumindest eine virtuelle Tour auf der Internetseite möglich.

Adresse: Bolschaja Pokrowskaja 43 (ул. Большая Покровская, 43)

Öffnungszeiten: täglich 10-17 Uhr (Montag Ruhetag)

http://www.ngiamz.ru/filialy/muzej-istorii-khudozhestvennykh-promyslov.html

NISCHEGORODER ZENTRUM DER DEUTSCHEN KULTUR

Das Zentrum für deutsche und europäische Kultur wurde 2009 mit Unterstützung der Deutschen Botschaft und des Goethe-Instituts ins Leben gerufen. Das Zentrum organisiert Kulturveranstaltungen wie Konzerte und Festivals. Über aktuelle Veranstaltungen können Sie sich auf der Internetseite informieren (leider nur auf Russisch).

http://ncnk.ru/

OPERN- UND BALLETTTHEATER

Das Opern- und Balletttheater ist nach Puschkin benannt (Театр оперы и балета имени Пушкина). Aus diesem Grund steht vor dem Gebäude, das 1903 erbaut wurde, eine Puschkin-Büste. Es wird ein abwechslungsreiches Programm geboten. Tickets können direkt auf der Internetseite gekauft werden. Die gleichnamige Haltestelle der öffentlichen Verkehrsmittel befindet sich direkt vor der Tür.

Adresse: Belinskowo Straße 59/2 (улица Белинского, 59/2)

http://operann.ru/

PARK POBEDY

Wem die Ausstellung der Kriegsgeräte im Kreml nicht reichen, kann am Kanal weitere Panzer im Park des Sieges in Gedenken an den Sieg im zweiten Weltkrieg besichtigen.

Adresse: Nabereshnaja Grebnowo Kanala (набережная Гребного канала)

http://park-pobeda-nnov.ru/

PHILHARMONIE

Die Philharmonie befindet sich unweit des Ewigen Feuers im Kreml. Dort gibt es auch direkt eine Kasse mit Ticketverkauf. Einzelne Tickets können auf der Internetseite erworben werden, die Abonnements nur an der Kasse. Das Konzertangebot ist vielfältig und auf hohem Niveau. Die Konzertsaison beginnt im September. Beliebt sind Konzert-Abonnements, beispielsweise die Reihe „5 aus 10". 5 Konzerte zu einem Preis von 2000 Rubel – das gibt es nur in Russland. In der Sommerpause spielt das Orchester jeden Freitagnachmittag kostenlos. Allerdings sollten Sie rechtzeitig da sein, wenn Sie einen Sitzplatz ergattern wollen.

http://music-nn.ru/

PLANETARIUM

Direkt neben dem Zirkus befindet sich in der Nähe des Bahnhofs direkt am Oka-Ufer das Planetarium. Das Planetarium wurde 1948 eröffnet und zog im Jahr 2005 in das Gebäude, in dem es sich heute befindet. Das Planetarium verfügt über eine eigene Sternwarte. Das Programm ist auf der Internetseite verfügbar. Es wird viel für Kinder angeboten. Tickets können leider nur vor Ort gekauft werden.

Adresse: ulitsa Rewoljuzionnaja 20 (ул. Революционная, 20)

http://www.planetarium-nn.ru/

PUSCHKINMUSEUM

Vom 2.-3. September 1833 war Puschkin in Nischni. Das war Anlass genug ein kleines Museum zu eröffnen. Es gibt nicht mehr als eine Handvoll Exponate auf zwei Räume verteilt. Der Eingang ist etwas versteckt im Nebengebäude des Gymnasiums Nr. 1 unweit des Minin-Platzes. Gehen Sie durch den Torbogen befindet sich die Tür zum Museum auf der rechten Seite. Der Eintritt kostet 80 Rubel. Dienstag bis Samstag 10-17 Uhr geöffnet.

Adresse: Minin-Platz 4 (площадь Минина и Пожарского, 4)

RADIOLABORATORIJA

Hier wurden Anfang des 20. Jhs. die ersten russischen Radioröhren und starken Funksender entwickelt. Heute können Sie darüber im Museum erfahren. Eintritt 50 Rubel; Wochentags 10-17 Uhr;

Adresse: Werchne-Wolschkaja Nabereschnaja 5 (Верхне-Волжская набережная, 5).

http://radiolaboratorija.ru/

RUKAWISCHNIKOW-VILLA

Die Rukawischnikow Villa (Усадьба Рукавишниковых) auf der Werchnewolschskaja Nabereschnaja 7 war einst das Wohnhaus des Kaufmanns Sergej Rukawischnikow (Siehe oben „Sehenswürdigkeiten"). Heute wird es als Museum und als Veranstaltungsort für Konzerte genutzt.

Öffnungszeiten: Di-Do 10-17 Uhr

Fr-So + Feiertag 12-19 Uhr

Montag und letzter Donnerstag im Monat Ruhetag

Adresse: Werchnewolschskaja Nab. 7 (В.-Волжская наб., д.7)

http://www.ngiamz.ru/filialy/usadba-rukavishnikovykh.html

SACHAROW MUSEUM

Andrej Dimitrijewitsch Sacharow (1921 - 1989) war ein Physiker, der die sowjetische Wasserstoffbombe entwickelte und wichtige Beiträge zur Kernfusion, der Teilchenphysik und der Kosmologie leistete. 1939 trat er in die Rote Armee ein. Er war überzeugt, dass das nukleare Kräftegleichgewicht zwischen Ost und West den Frieden sichert. Für seine Leistungen wurde er mit dem Stalin-Orden und als Held der Sowjetunion ausgezeichnet und war mit 32 Jahren jüngstes Mitglied der Sowjetischen Akademie der Wissenschaften. Ab 1955 wurde er zum Gegner von Atomwaffentests und immer weiterer nuklearer Aufrüstung. Er setzte sich für politische Häftlinge ein, forderte die Demokratisierung der Sowjetunion und verurteilte die Zerschlagung des Prager Frühlings 1968 und den Einmarsch der Roten Armee in Afghanistan 1979. 1968 schrieb er das Memorandum „Abrüstung, Koexistenz und geistige Freiheit", für das er 1975 den Friedensnobelpreis erhielt, den er selbst nicht in Empfang nehmen konnte, weil er keine Ausreisegenehmigung bekam. Stattdessen fuhr seine Frau Jelena Bonner nach Oslo. 1980 wurde er nach Nischni Nowgorod verbannt. 1986 hob Gorbatschow die Verbannung auf. Sacharow ging nach Moskau, wo er seine politischen Aktivitäten wieder aufnahm. 1989 wurde er als Parteiloser in den Kongress der Volksdeputierten gewählt. Er starb im Dezember 1989 in Moskau. In einer heftigen Debatte im Parlament hatte er die verknöcherten Funktionäre so gereizt, dass ihm das Mikrofon abgestellt wurde. Am nächsten Tag erlag er in seiner Wohnung einem Herzinfarkt.

Das Museum liegt am Gagarin Prospekt 214 (Wohnung 3), fast am Stadtrand, nicht weit von der Bushaltestelle „Музей Имени Сахарова" (Sacharow Museum) entfernt in einer Plattenbausiedlung. Der Eingang zum Museum befindet sich an einem unscheinbaren, düsteren Hauseingang. Das kleine Bronzeschild mit der aus der Ferne schwer leserlichen Aufschrift „Museum Andrej Dimitrjewitsch Sacharow" kann leicht übersehen werden. Wenn man an der Klingel die 3 drückt, ertönt ein Signal und die schwere Eisentür lässt sich öffnen. Zu besichtigen ist die vom KGB Sacharow und seiner zweiten Frau Jelena Georgjewna Bonner zugewiesene Wohnung im Parterre. Mit vier kleinen Zimmern, Küche, Balkon und Bad für damalige Verhältnisse überdurchschnittlich groß. Immerhin wurde auf die Verdienste und weltweite Bekanntheit des Verbannten Rücksicht genommen. Die Räume sind heute noch weitgehend im alten Zustand erhalten, da die Möbel zur Wohnung gehörten und nicht im Eigentum Sacharows standen. Diese relativ günstigen Wohnverhältnisse wurden allerdings durch die Überwachung des täglichen Lebens und die vollständige Isolierung von der Außenwelt überschattet. Das Museum ist täglich von 10 bis 17 Uhr geöffnet (freitags Ruhetag). Der Eintritt kostet 70 Rubel.

Adresse: ulitsa Gagarin Prospekt 214 (ул. Гагарина проспект, 214)

SCHTSCHOLKOWSKI HUTOR MUSEUM

Das Architektur und Heimatmuseum (Архитектурно-этнографический музей Щёлковский хутор) ist ein Freilichtmuseum direkt am Schtscholkowski Hutor Park (Siehe oben „Parks und Seen"). Es zeigt ein Stück russische Geschichte durch seine alten Holzhäuser und -kirchen. Das Museum zeigt 14 Exponate, darunter zwei Kirchen, Wohnhäuser, Scheunen,

Pferdestall, sowie zwei Mühlen. Die Exponate sind Originale und stammen überwiegend aus der Region Nischni Nowgorod. An besonderen Feiertagen finden Folkloreveranstaltungen statt.

Kirche am Wegesrand

Sie stammt aus dem Ende des 17. Jh. aus der Region Gorodez und wurde 1970 nach Nischni gebracht. Sie besteht aus drei Teilen – Refektorium, Hauptraum und Altar und wurde aus dicken Kieferstämmen gefertigt.

Kirche auf dem Hügel

1731 erbaut in der Region Kstowo und 1975 nach Nischni überführt. Die Besonderheit ist der mehrstöckige, achteckige Turm.

Pawlow-Haus

Das Haus stammt aus der 2. Hälfte des 18. Jhs. aus Rakowo und kam in den 80er Jahren nach Nischni. Es ist bemerkenswert aufgrund seiner Schnitzereien und der Inneneinrichtung.

Windmühle und Wassermühle

Gebaut im 19. Jh. Die Besonderheit der Windmühle ist die zentrale Säule, die fest in den Boden eingelassen ist. Das hatte den Sinn, dass sich die komplette Mühle in die Windrichtung drehte.

Adresse:	ulitsa Gorbatowskaja (ул. Горбатовская, д. 41 – Bus Nr. 28 Endhaltestelle)
Eintritt:	Schulkinder: 30 Rubel, Studenten/Rentner – 40 Rubel, Erwachsene – 60 Rubel
Öffnungszeiten:	15. November - 14. März: 10-16 Uhr
	15. März - 14. Oktober: 10-17 Uhr

http://hutor-museum.ru/

SCHIFFFAHRTSMUSEUM

Das Schifffahrtsmuseum (Muzej Retschnowo Flota) befindet sich im Zentrum der Stadt, unweit des Kreml, in der 4. Etage der

Akademie der Schifffahrt. Wer sich für Modellschiffe interessiert, sollte dem kleinen Museum einen Besuch abstatten. Am Haupteingang muss man zunächst ein Dokument vorlegen, um Einlass zu bekommen.

Öffnungszeiten: werktags 9-16 Uhr

Eintritt: 100 Rubel

Adresse: Minina 7 (ул. Минина, дом 7)

http://www.vsawt.ru/newsite/departments/museum/

SOLISTEN NISCHNI NOWGOROD

Das Kammerorchester mit 16 professionellen Musikern wurde 1990 gegründet. Es gibt keinen festen Dirigenten, sondern einer der Solisten ist gleichzeitig auch der musikalische Leiter. Die Konzerte finden meist an besonderen Orten statt, z.B. im Planetarium oder in der Rukawischnikow Villa. Einmal im Jahr kommt Prof. h.c. Christoph Mayer aus Deutschland für eine Konzertreihe mit dem Ensemble.

http://www.solistynn.ru/

http://www.christoph-mayer.eu/projekte.html

STRASSENBAHNMUSEUM

Das Straßenbahnmuseum (Музей трамваев) ist eines der weniger bekannten Museen aufgrund der Lage am Ortsrand. Auf dem Gelände der Straßenbahnmeisterei werden 6 Straßenbahnen und 2 Trolley-Busse gezeigt. Die älteste aus dem Jahr 1896. Gerade für Kinder ist es interessant, da die Straßenbahnen nicht nur von außen, sondern auch von innen betrachtet werden können und bei der Gelegenheit auch noch aktive Straßenbahnen vorbeifahren, die in den angrenzenden großen Hallen gewartet werden. Allerdings nur im Sommer zu empfehlen, da im Winter der Schnee nicht geräumt wird.

Öffnungszeiten: Mo-Fr 8-12 Uhr und 12:30-16:30 Uhr

Adresse: ulitsa Generala Iwlijewa 1 (ул. Генерала Ивлиева, 1) Trolleybus-Depot Nr.1

TECHNISCHES MUSEUM

Das aus einer Sammlerleidenschaft von Vater und Sohn heraus entstandene Museum zeigt alles was alt ist und mit Technik zu tun hat. Das Museum heißt aus diesem Grund auch vollständig „Museum alter Technik und Werkzeuge". Das Museum befindet sich auf der Fußgängerzone über dem großen Souvenierladen in der 3. Etage im gleichen Gebäude wie das Museum des Kunsthandwerkes (Siehe oben). Der Eingang ist etwas versteckt auf der rechten Seite des Gebäudes. Das Museum umfasst zwar nur einen großen Ausstellungssaal, aber dafür dürfen die meisten Exponate angefasst werden.

Öffnungszeiten: Di-So 10-18 Uhr; Montag Ruhetag

Adresse: Bolschaja Pokrowskaja 43 – 3. Etage (ул. Б. Покровская, д. 43, 3-ий этаж)

Eintritt: 200 Rubel

http://www.techmuzey.ru/

THEATER DER SCHAUSPIELSCHULE

Das Theater, in dem die angehenden Schauspieler auftreten, befindet sich vom Kreml aus gesehen am Anfang der Fußgängerzone auf der Bolschaja Pokrowskaja (Учебный театр). Das Gebäude mit den Katzen über dem Eingang ist nicht zu verfehlen. Die Studenten lernen an der Theaterfachschule, die sich auf der Warwarskaja Straße 3a befindet (Нижегородское театральное училище им. Е.А. Евстигнеева – Варварская улица, 3а).

http://ntu-nn.ru/

ZIFERBLAT

Eigentlich ist das Ziferblat ein Café und damit in dieser Kategorie fehl am Platz – bei genauerem Hinsehen ist es hier jedoch ganz richtig. Das Ziferblat ist eine gemütliche Wohnung mit ganz unterschiedlich eingerichteten Zimmern. Man bezahlt für die Zeit, die man dort verbringt. Für den gezahlten Preis kann man so viel Tee und Kaffee trinken wie man möchte. Man kann auch sein eigenes Essen mitbringen und in der Mikrowelle aufwärmen. Es ist eigentlich immer etwas los. Instrumente stehen auch zur Verfügung. Abends gibt es ein vielfältiges Kulturangebot – Sprachgruppen, Vorträge, Konzerte, Salsaabende und und und. Die Idee stammt von Iwan Mitin. Er gründete das erste Ziferblat 2011 in Moskau. Mittlerweile gibt es in Russland zehn dieser Cafés und sogar eins in London. Über die aktuellen Kulturveranstaltungen kann man sich am besten auf der VKontakte-Seite informieren. Die Wohnung ist nicht leicht zu finden. Es befindet sich in einem zwei-etagen-Haus hinter dem International Business Centre (World Trade Centre). Im Fenster der Wohnung sieht man von außen das Logo – eine Mischung aus Uhr und Kopf. Gehe Sie durch die Eingangstür und die Treppe hinauf in die erste Etage.

Adresse: ulitsa Kowalichinskaja 4a (ул. Ковалихинская, 4а)

https://vk.com/ziferblatnn

http://nino.ziferblat.net/en/

Kino und Karaoke

Wie in jeder europäischen Großstadt gibt es moderne Kinos. Das Problem mit dem Kinobesuch ist jedoch meist die Sprache. Gelegentlich wird in dem einen oder anderen Kino ein englischer Film im Original gezeigt. Dies ist jedoch die Ausnahme.

7D-KINO

In der Mitte der Bolschaja Pokrowskaja befindet sich ein 7D-Kino. Man kann 3D-Filme erleben mit zusätzlichen Spezialeffekten.

Adresse: Bolschaja Pokrowskaja 35a (Большая Покровская 35А)

http://4dkino-nn.ru/

FANTASTIKA

Im Einkaufszentrum Fantastika befindet sich ein großes Kino mit 8 Sälen (Cinema Park), in dem die aktuellen Kinofilme gezeigt werden. Darüber hinaus gibt es auch 3D-Filme.

Adresse: Rodionowa 187w (ул. Родионова 187 «В»)

http://www.cinemapark.ru/multiplexes/show/13

OKTJABR

Das modernste und größte Kino in der Innenstadt befindet sich am Ende der Fußgängerzone (Bolschaja Pokrowskaja). Es werden 3D-Filme gezeigt. Dies ist auch der Ort, wo Großveranstaltungen übertragen werden, wie beispielsweise die Fußballweltmeisterschaft.

Adresse: Bolschaja Pokrowskaja 51a (ул. Большая Покровская, 51a)

http://xn--c1adbibb0aykc7n.xn--p1ai/

ORLJONOK

In dem Gebäude befand sich einst das erste Lichtspielhaus der Stadt. Heute ein eher älteres Kino, jedoch mit Charme. Das Repertoire ist speziell auf Kinder und Jugendliche ausgerichtet.

Adresse: Bolschaja Pokrowskaja 39a (ул. Большая Покровская, 39а)

http://www.orlenok-kino.ru/

REKORD

In die Kategorie „alternatives Kino" gehört das Kino Rekord. Es werden nicht die aktuellen Kinofilme gezeigt. Eine Alternative für alle die kein Mainstream mögen. Das Kino bietet auch keinen Service oder Komfort eines modernen Kinos.

Adresse: Piskunowa 11/7 (ул. Пискунова, 11/7)

ROMANOW

Im Luxus-Einkaufszentrum „Lobatschewski Plaza" befindet sich in der 3. Etage ein ebenfalls exklusives Kino. Ein Kinosaal hat sogar Doppellederbetten. Hier können Sie auch einen eigenen Kinosaal anmieten, um alleine oder mit Freunden ungestört die aktuellsten Filme zu schauen.

Darüber hinaus wird Karaoke angeboten (KARAOKE Per se: So-Mi 18.00 bis 02.00 Uhr; Do-Sa 18.00 bis 06.00 Uhr) und die Möglichkeit einen eigenen Karaoke-Raum anzumieten.

Adresse: Alexejewskaja 10/16 (ул. Алексеевская 10/16)

http://www.romanovnn.ru/

SEDMOJE NJEBO

Wie im Einkaufszentrum Fantastika gibt es auch im Einkaufszentrum Sedmoje Njebo einen Cinema Park. Das Kino ist das größte der Stadt mit 10 Sälen. Es wurde 2012 eröffnet und verfügt über einen IMAX-Kinosaal.

Adresse: Betankura 1 (ул. Бетанкура д.1)

SPUTNIK

Englisch-sprachige Filme gibt es im Kinoklub „Sputnik". Das ist ein kleines Kino mit ca. 20 Plätzen und etwas versteckt in einem Hinterhof abseits der Bolschaja Pokrowskaja. Das Kino kann auch für private Vorführungen gemietet werden. Ein Ticket kostet 100 Rubel.

Adresse:	Bolschaja Pokrowskaja 15b, Wohnung 14 (ул. Б. Покровская дом 15-Б, к.14)

https://vk.com/sputnikinfo

http://www.sputniknn.narod.ru/

Essen & Trinken

Sowohl auf der Bolschaja Pokrowskaja als auch auf der Roschdestwenskaja reiht sich ein Restaurant ans andere. Es ist unmöglich alle Restaurants aufzuzählen. Im Folgenden daher eine kleine Auswahl. In allen Restaurants gilt seit Mai 2014 Rauchverbot. Erlaubt und beliebt ist jedoch, Wasserpfeife zu rauchen.

TEUER

BOCCONCHINO

Eine sehr gute Steinofen-Pizza gibt es im Bocconchino. Der ausgezeichnete Italiener mit stilvollem Ambiente befindet sich in der 3. Etage im Luxus-Einkaufszentrum Lobatschewski Plaza. Eine Pizza kostet zwischen 370-900 Rubel – ein Glas Wein genauso viel. Ab einem Bestellwert von 1600 Rubel besteht die Möglichkeit der Lieferung nach Hause.

Adresse: Alexejewskaja 10/16 (ул. Алексеевская, 10/16)

Öffnungszeiten: 12-24 Uhr

http://www.bocconcino.ru/en/

BOSS BAR

Im Erdgeschoss des Lobatschewski Plaza befindet sich die gediegene Boss Bar. Der Name mag etwas anderes suggerieren, doch ist es eher ein Restaurant als eine Bar.

Adresse: Alexejewskaja 10/16 (ул. Алексеевская, 10/16)

Öffnungszeiten: täglich 12-2 Uhr

http://www.bossbar.ru/

EXPEDITIA

Ein absolut außergewöhnliches Erlebnis ist der Besuch des Restaurants Expeditia. Bereits die Gestaltung ist außergewöhnlich, denn mitten im Restaurant gibt es einen Helikopter zu besichtigen. Wie der Name verspricht, sind auch die

Speisen abenteuerlich: Fleisch serviert aus der Blechdose oder roher Fisch auf einem Eisblock. In jedem Fall hält die Küche aus dem Norden eine Überraschung für Sie bereit. Im Sommer bietet der Balkon einen schönen Ausblick auf die Strelka.

Adresse: Roschdestwenskaja 1, unterhalb der Kremlmauer – (ул.Рождественская,1/ул. Кожевенная, 16б)

Öffnungszeiten: 12-24 Uhr

http://expedition-nn.ru/

MITRICH

Das Steakhaus befindet sich im International Business Centre (World Trade Centre). Es zeichnet sich durch außergewöhnlich guten Service aus. Man kann den Köchen bei der Arbeit über die Schulter schauen. An die Kinder wurde auch gedacht. Es gibt ein separates Spielzimmer mit Betreuung.

Adresse: Kowalichinskaja 8 (ул. Ковалихинская, 8, эт.2)

Öffnungszeiten: täglich 11-24 Uhr

http://mitrichsteak.ru/

PJATKIN

Ausgezeichnete russische Küche finden Sie im Pjatkin auf der Roschdestwenskaja. Das Restaurant gehört zur Pir-Gruppe. Das sind elf hochwertige Restaurants in ganz Nischni verteilt, die jeweils ausschließlich eine bestimmte Küche anbieten. Auf der Internetseite können Sie einen Tisch reservieren. **Traditionelle russische Gerichte,** die Sie probieren sollten: Borschtsch (Rote-Beete-Suppe), Ucha (Fischsuppe), Soljanka, Salat Olivé, Salat Winegret, Seljodka Pod Schuboj (Hering unterm Pelzmantel), Ikra (Kaviar), Blini (Eierkuchen), Pelmeni (gefüllte Teigtaschen), Piroschki (gefüllte Teigtaschen) und dazu einen Mors (meist selbstgemachter Saft aus Früchten).

Adresse: Roschdestwenskaja 25 (Рождественская, 25)

Öffnungszeiten: 12-24 Uhr

http://pir.nnov.ru/pyatkin/

SPORTSBAR

Die Sportsbar bietet für jeden Geschmack etwas. In der Bar selbst wird auf großen Fernsehern Sport übertragen. Dazu kann man ein Bier und einen Burger oder ein Steak genießen. Im Sommer wird im angrenzenden Biergarten gegrillt. Der Standort des Restaurants ist unschlagbar. Mitten im Zentrum und trotzdem ruhig im Grünen, da sich das Restaurant in einem Park befindet. Es ist daher beim ersten Besuch etwas schwer zu finden. In der ersten Etage befindet sich im Sommer darüber hinaus eine sehr gemütliche und stilvoll eingerichtete Terrasse.

Adresse:	Piskunowa 40 (ул. Пискунова, 40)
Öffnungszeiten:	Mo-Do 8-24 Uhr
	Freitag 8 -2 Uhr
	Sa-So 12-2 Uhr

https://vk.com/sportbarnn

TIFFANI

Mit Abstand die beste Lage hat das Restaurant „Tiffani" an der oberen Uferstraße unweit des Kreml. In gehobener Atmosphäre können Sie bei wunderbarem Ausblick auf die Wolga außergewöhnlich essen. Im Sommer ist besonders die Terrasse zu empfehlen. Am späten Abend wandelt sich das Restaurant in eine Bar.

Adresse:	Werchnewolschskaja Nabereschnaja 8a (Верхне-Волжская наб., 8а)

http://tiffanibar.ru/

MITTEL

ANGLISKOJE POSOLSTWA

Die „Englische Botschaft" ist ein Pub. Für ca. 10€ gibt es ein sehr gutes Steak. In der ersten Etage ist ein Spielzimmer für Kinder eingerichtet, teilweise auch mit Betreuung. So können Sie ganz entspannt Ihr Essen genießen.

Adresse: Swesdinka 12 (ул. Звездинка, 12 – gegenüber der Hauptpost)

Öffnungszeiten: So-Do 8-24 Uhr

Fr-Sa 8-2 Uhr

http://pir.nnov.ru/englishpub/

BIBLIOTEKA

Dieses Restaurant ist bei den Einheimischen sehr beliebt. Überwiegend italienische Küche mit selbstgemachter Pasta. Sie sollten einen Tisch reservieren. Im Sommer gibt es eine kleinen Balkon zum draußen sitzen.

Adresse: Bolschaja Pokrowskaja 46, 2. Etage (ул. Большая Покровская, 46, эт. 3)

Öffnungszeiten: täglich 11-22 Uhr

http://www.biblioteca-nn.ru/

DRUSCHKOWA KRUSCHKA

Ein gutes tschechisches Restaurant mit rustikaler Einrichtung direkt auf der Bolschaja Pokrowskaja (Дружкова кружка). Insbesondere ist das tschechische Bier zu empfehlen. Regelmäßig treten Live-Bands auf.

Adresse: Bolschaja Pokrowskaja 35 (ул. Большая Покровская, 35)

Öffnungszeiten: 12-24 Uhr

Freitag-Samstag 12-2 Uhr

http://www.drkruzhka.ru/

HATSCHAPURI

Im Restaurant „Hatschapuri" (Хачапури) können Sie die georgische Küche ausprobieren. Besonders praktisch ist, dass es zu allen Speisen im Menü ein Bild gibt, was die Auswahl erheblich erleichtert. Sie sollten in jedem Fall natürlich auch „Hatschapuri" probieren, das ist im Ofen frisch zubereitetes Brot mit Käsefüllung – recht fettig und sättigend. Ansonsten sind die Gerichte mit Schafsfleisch zu empfehlen.

Adresse:	Roschdestwenskaja 39 (ул. Рождественская, 39)
Öffnungszeiten:	So-Do 12-24 Uhr
	Fr-Sa 12-2 Uhr

http://vhachapuri.ru/

IRISH PUB

Harat´s ist eine Kette, die es in ganz Russland gibt. Wie der Name bereits vermuten lässt, ist es eher eine Kneipe als ein Restaurant. Das Menü ist daher überschaubar. Besonders die Fassade des Hauses ist sehr schön.

Adresse:	Wawarskaja 32 (ул. Варварская, 32)

http://www.harats.ru/

MOLOKO CAFE

Moloko heißt übersetzt Milch. Es ist eine Kette von neun Restaurants in Nischni. Allen Restaurants ist gemein, dass Sie außergewöhnlich eingerichtet sind, mit Liebe zum Detail, und zum Wohlfühlen einladen. Das Essen ist leicht und lecker. Im Moloko Café gibt es in der ersten Etage darüber hinaus eine schöne Veranda für warme Sommertage zum Entspannen.

Adresse:	Alexejewskaja 15 (ул. Алексеевская, 15)
Öffnungszeiten:	So-Do 12-2Uhr
	Fr-Sa 12-6 Uhr

http://www.molokocafe.ru/

Moloko Leto

Im Sommer ist das Moloko Leto (Молоко Лето) ein absoluter Insidertipp. Über den Dächern der Stadt können Sie in gemütlicher Atmosphäre entspannt ein kühles Getränk auf der Terrasse an der frischen Luft zu sich nehmen, um dem Stadtgetümmel zu entfliehen.

Adresse: Bolschaja Pokrowskaja 52 (ул. Большая Покровская, 52 – im Einkaufszentrum „Lesniza" in der 3. Etage)

Öffnungszeiten: täglich 12-2 Uhr

http://www.molokocafe.ru/

Mükka

Diese gemütliche und sehr individuell eingerichtete Pizzeria wurde 2015 eröffnet. Sie ist Teil des Projektes „Essen und Kultur", zu dem auch die Moloko-Restaurants gehören. Das Restaurant verteilt sich in einer alten Villa über drei Etagen mit jeweils ganz unterschiedlicher Atmosphäre. Im Sommer ein absoluter Insider-Tip, aufgrund der Dachterrasse. Die Pizzas werden im Steinofen gebacken. Die Portionen fallen eher klein aus.

Adresse: Oscharskaja 36b (ул. Ошарская, 36Б)

Öffnungszeiten: Di-So 12-23 Uhr

http://mukkapizza.ru/

Plakutschaja Iwa

Das Restaurant „Die Trauerweide" (Плакучая Ива) bietet hochwertige georgische Küche. Insbesondere das Fleisch ist zu empfehlen. Das Gebäude Sieht von außen wie ein kleines Schloss aus.

Adresse: Nischnewolschkaja nabereschnaja 23 (Нижневолжская наб., 23)

Öffnungszeiten: So-Do 12-24 Uhr

Fr-Sa 12-2 Uhr

TANUKI

Suschi ist sehr beliebt in Russland. Aus diesem Grund wird Suschi in vielen Restaurants aber auch teilweise im Supermarkt angeboten mit ganz unterschiedlicher Qualität. Der allgemeine Rat lautet, in Restaurants, die neben Suschi auch Pizza oder russische Küche und eigentlich alles anbieten, sollte man vorsichtig sein. Das Restaurant Tanuki ist ein wunderschön eingerichtetes, japanisches Restaurant, mit großer Auswahl, sehr guter Qualität und sehr gutem Service.

Adresse: Maxim Gorki Platz 5/76 (пл. Максима Горького, 5/76)

Öffnungszeiten: täglich 11:30-24 Uhr

http://nn.tanuki.ru/

U ALEXANDRA

Das Restaurant ist insbesondere im Sommer zu empfehlen, da es am Wolgaufer gelegen ist und über eine große Außenfläche verfügt mit gemütlichen Separees. Leider führt eine stark befahrene Straße direkt am Restaurant entlang. Sie sollten das frisch gegrillte Fleisch probieren (Schaschlik).

Adresse: Petschery Sloboda 112a (ул. Печеры Слобода, 112а)

Öffnungszeiten: täglich 10-1 Uhr

http://www.yalexandra-nn.ru/

WESJOLAJA KUMA

Wenn Sie ukrainische Küche probieren möchten, gehen Sie ins Wesjolaja Kuma. Das Restaurant ist sehr gemütlich eingerichtet. Besondern zu empfehlen sind die Wareniki (Teigtasschen) mit Kirschen (Вареники с вишнею) als Nachtisch. Und natürlich der Borschtsch, der ursprünglich aus der Ukraine stammt.

Adresse: Kostina 3 (Костина, 3)

http://pir.nnov.ru/kuma/

PREISWERT

CHEF´S
Besonders bei Studenten beliebt, da das Essen günstig ist und frisch zubereitet wird. Sandwich, Suppe oder Salat für ca. 200 Rubel. In gemütlicher, individueller Atmosphäre kann man dann sogar noch schnell die Hausaufgaben machen. Es gibt zwei Cafés. Das Café auf der Piskunowa ist größer und gemütlicher.

Adresse:	Minina 33 (Минина, 33)
Öffnungszeiten:	Mo-Fr 8-22 Uhr
	Sa-So 10-22 Uhr
Adresse:	Piskunowa 24 (Пискунова, 24)
Öffnungszeiten:	Mo-Do 9-23 Uhr
	Freitag 9-24 Uhr
	Samstag 10-24 Uhr
	Sonntag 10-23 Uhr

http://chefscafe.ru/

MIRAJA
Dem Yoga-Zentrum angeschlossen ist im Erdgeschoss ein kleines Café. Der Eingang ist etwas versteckt direkt rechts am Gebäude. Die Eingangstür ist mit zwei geschnitzten Holzpfählen verziert. Zwischen 13-16 Uhr wird ein Business-Lunch für 150 Rubel angeboten.

Adresse:	Alexejewskaja 41 (ул. Алексеевская, д.41)

http://cafemiraya.ru/

SALUT BURGER
Ein Projekt einer Gruppe junger Leute, die frisch gemachte Burger anbieten. Sehr gut und günstig. Ein Burger kostet 220 Rubel. Unweit der Bolschaja Pokrowskaja. Täglich ab 12 Uhr geöffnet. Meist großer Andrang, was zu längeren Wartezeiten führt.

Adresse: Oktjabrskaja 9a (ул. Октябрьская, 9А)

http://salutburgers.ru/

SCHAURMA

Was in Deutschland der Döner ist, ist in Russland der Schaurma (Шаурма). Den besten der Stadt gibt es am Ende der Belinskowa unweit des Ljadowa Platzes. Aus diesem Grund gibt es immer eine lange Schlange. Allerdings kann man sich sicher sein, dass er immer frisch ist. Schaurma ist frisches Fleisch vom Holzkohlegrill mit Gemüse und Mayonnaise in Brot gewickelt. Für 140 Rubel ist es besser als jedes Fastfood.

Adresse: Kostina 13 (ул. Костина, 13)

http://shaurma-best.ru/

SOWOK

Nudelbar „Sowok" (Лапшичная "Совок") ist besonders bei jungen Leuten sehr beliebt. Sie suchen sich die Nudelsorte aus und die Zutaten und die Nudelsuppe wird vor Ihren Augen frisch zubereitet. Geht schnell, ist günstig und schmeckt gut.

Adresse: Bolschaja Pokrowskaja 2 (ул. Большая Покровская, 2)

Öffnungszeiten: täglich 10-22 Uhr

https://vk.com/sowokfood

STOLLE

Ein absolutes Muss ist ein Besuch im Selbstbedienungsrestaurant „Stolle". Stolle ist eine Kette, die es seit 2002 in vielen Städten Russlands gibt und sogar in London und New York. Die Spezialität sind russische Kuchen (Pirogi) in allen Ausführungen – von herzhaft bis süß. So kann der Tag beginnen in gemütlicher Atmosphäre.

Adresse: Minin Platz 2/2 (пл. Минина и Пожарского 2/2, вход с ул. Алексеевской)

Öffnungszeiten: 9-21 Uhr

Adresse: Ilinskaja 98 (ул. Ильинская 98)

Öffnungszeiten: 9-19 Uhr

http://www.stolle.ru/

TIME FOR WINE

Die Wein-Bar wird von einem jungen Pärchen geführt. Sie verfügen über eine große Weinauswahl. Sie können sowohl eine Flasche Wein bestellen oder eine bestimmte Auswahl an Weinen pro Glas. Die Weine werden zu fairen Preisen angeboten, wenn man dies mit den üblichen Weinpreisen in Russland vergleicht. Dazu gibt es einige Kleinigkeiten zu essen. Täglich ab 16 Uhr geöffnet. Allerdings etwas schwierig zu finden. Etwa in der Mitte der Bolschaja Pokrowskaja, wo die Straßenbahn die Fußgängerzone kreuzt neben dem Einkaufszentrum „Pakrowskie Warota".

Adresse: Bolschaja Pokrowskaja 20b (улица Большая Покровская, дом 20б)

http://timeforwine.ru/

FASTFOOD

Die internationalen Fastfood-Ketten haben es auch bis nach Nischni Nowgorod geschafft. Gerade wenn man wenig Russisch spricht, ist das sehr praktisch, weil man weiß was es gibt und im Zweifel auf Bilder zeigen kann. Die Auflistung gibt nur die Fastfood-Ketten wieder, die sich im Stadtzentrum befinden. In jedem großen Einkaufszentrum gibt es natürlich einen Food-Court mit großem Fastfood-Angebot.

Burger King

Bolschaja Pokrowskaja 42 (ул. Большая Покровская, 42)

täglich 10-22 Uhr

http://burgerking.ru/ru/ru/index.html

KFC

Bolschaja Pokrowskaja 47 (ул. Большая Покровская, 47)

täglich 10-22 Uhr

http://www.kfc.ru/restaurants/87

McDonalds

Gorki Platz 2 (пл. Горького, 2)

täglich 07-23:30 Uhr

http://www.mcdonalds.ru/

Mir Pizzui

Мир Пиццы (Welt der Pizza)

Bolschaja Pokrowskaja 4a (ул. Большая Покровская, 4а)

täglich 11-24 Uhr

Minin-Platz 6 (пл. Минина и Пожарского, 6)

täglich 11-23 Uhr

http://www.mirpizzy.com/

Starfood

Minin Straße 16a (ул. Минина, 16а)

täglich 09-22 Uhr

http://www.starfoodrf.ru/

CAFÉS

COFFEE CAKE

Ein gemütlich eingerichtetes Café. Im Sommer auf der Bolschaja Pokrowskaja auch mit schöner Terrasse zum draußen sitzen.

Öffnungszeiten:	Mo-Do 8-22Uhr
	Fr-So 24h
Adresse:	Bolschaja Pokrowskaja 2 (ул. Большая Покровская, 2)

Roschdestwenskaja 24 (ул.Рождественская 24)

www.coffee-cake.net

COFFEESHOP COMPANY

Dieses Café ist eine weltweite Kette mit allein 92 Niederlassungen in Russland. In Nischni befindet sich der Standort direkt am Anfang der Fußgängerzone und ist täglich von 9-23Uhr geöffnet.

Adresse: Bolschaja Pokrowskaja 2 (ул. Большая Покровская, 2)

www.coffeeshopcompany.ru

KONDITERSKAJA

Die Konditorei trägt den französischen Namen „La Rochelle" (Ля Рошель) und ist in der Stadt mit sechs Niederlassungen verteilt. Das Sortiment reicht von Torten über Kuchen und Teilchen. Es gibt auch warme Küche, wenn man schnell etwas essen möchte. Als gemütliches Café ist es nicht zu empfehlen. Nehmen Sie sich lieber ein leckeres Stück Kuchen mit nach Hause. Torten können auch für Geburtstage oder Hochzeiten vor Ort bestellt werden. Täglich geöffnet von 8-21Uhr.

Adresse: Balschaja Petschorskaja 8 (ул. Б. Печерская, 8)

Bolschaja Pokrowskaja 30a (ул. Б. Покровская, 30 А)

Piskunowa 18a (ул. Пискунова, 18 А)

Kostina 3 (ул. Костина, д. 3)

http://www.bigvolga.ru/

SCHOKOLADNITZA

Schokoladnitza ist eine ebenfalls in ganz Russland verteilte Kette. Gemütlich eingerichtet und direkt gegenüber dem Kreml. Täglich geöffnet von 10-22Uhr.

Adresse: Mininplatz 11 (пл. Минина и Пожарского, 11)

Piskunowa 8/8 (ул. Пискунова, 8/8)

www.shoko.ru

WOLKONSKI

Der Bäcker und Konditor ist preisintensiv, aber es lohnt sich. Sie bekommen frisch gebackenes Baguette und Brot und viele leckere Teilchen. Gleichzeitig ist es ein nettes Café. Täglich ab 7 Uhr geöffnet.

Adresse: Piskunowa 34 (ул. Пискунова, 34)

Dobroljubowa 9 (ул. Добролюбова, 9)

Semaschko 30 (ул. Семашко, 30)

www.wolkonsky.com

SONSTIGES

LIEFERSERVICE

Wer keine Lust hat, Essen zu gehen, kann sich das Essen auch bequem per App oder im Internet nach Hause liefern lassen. Die Seite hat eine große Auswahl an Restaurants. Sicherlich für jeden Geschmack etwas dabei. Leider nur auf Russisch verfügbar. Sie bestellen bequem per Internet, geben Ihre Telefonnummer an und werden zur Bestätigung zurück-gerufen.

http://nn.delivery-club.ru/

SALZ UND PFEFFER

Eine ganz interessante Idee verbirgt sich hinter diesem Namen. Das ist ein Angebot für alle die selber kochen wollen, aber keine Lust zum Einkaufen haben. Dieses Internetangebot liefert ihnen die nötigen Zutaten samt Rezept für eine Woche.

www.solperets.ru

Abends ausgehen

Eine Übersicht über aktuelle Veranstaltungen in Nischni finden Sie hier:

http://kudago.com/nnv/

http://geometria.ru/nnov/announcements

Auf der Internetseite *www.kassir.ru* können Sie darüber hinaus Tickets kaufen. Einfacher ist dies jedoch an den jeweiligen Vorverkaufsstellen (z.B. im Einkaufszentrum „Etagé" oder Bolschaja Pokrowskaja 18 - Б.Покровская, 18).

BU

Das „Kunst-Café" ist ein alternativer Veranstaltungsort. In unregelmäßigen Abständen finden hier Konzerte statt. Auf der Internetseite finden Sie die Vorankündigungen.

Adresse: Swesdinka 10/52 (ул. Звездинка 10/52)

http://bufet.su/

FABRIKA

Wie der Name schon vermuten lässt, eine eher rustikale Lokalität. Das Restaurant vom Mittag verwandelt sich am Abend mit Live-Musik oder DJ zu einer Bar oder Diskothek.

Öffnungszeiten: täglich von 11-1 Uhr, Freitag und Samstag bis 6 Uhr

Adresse: Roschdestwenskaja 43 (ул. Рождественская, 43)

http://fabrikabar.ru/

FRANKY BAR

Die stilvoll eingerichtete Cocktailbar verfügt über eine umfangreiche Getränkeauswahl.

Adresse: Swesdinka 10 (ул. Звездинка, 10)

Öffnungszeiten: täglich von 12-2 Uhr, Fr und Sa bis 6 Uhr

http://www.frankybar.ru/

LEX

Der Nachtclub hat täglich von 20-5 Uhr geöffnet. Frauen haben meist freien Eintritt. In einer russischen Disko dürfen natürlich die Go-Go-Tänzerinnen nicht fehlen.

http://www.lexxnn.ru/

MILO CLUB

In der 6. Etage des Einkaufszentrums Etagé befindet sich der Milo Club. Sehr futuristische Einrichtung und schöner Ausblick auf die Stadt. Von 13-23Uhr ist es das White Café. Am Abend verwandelt es sich in eine Diskothek.

Adresse: Belinskowo 63 (ул. Белинского 63, ТЦ "Этажи" 6 этаж)

http://milomilo.ru/

MILO CONCERT HALL

Wie der Name schon vermuten lässt, ist das eine Konzerthalle. Aber es finden nicht nur Konzerte statt, sondern der Veranstaltungsort wird am Wochenende auch als Diskothek genutzt. Üblicherweise nur am Wochenende offen.

Adresse: Rodionowa 4 (ул. Родионова, 4)

http://miloconcerthall.ru/

MIXTURA

Die Bar erstreckt sich über zwei Etagen. Es gibt eine kleine Bühne. Freitags und Samstags finden spezielle Veranstaltungen und Live-Konzerte statt. Wochentags von 19-6 Uhr, am Wochenende ab 20 Uhr, geöffnet.

Adresse: Nischnewolschkaja Nabereschnaja 16 (Нижневолжская набережная, 16)

www.mixturabar.ru

Negroni Bar & Enoteca

Italienische Küche. Gegenüber vom Komödientheater. Täglich ab 12 Uhr geöffnet. Die Bar ist ok, aber wer gern Wein trinkt, sollte in den kleinen Weinkeller gehen – neben dem Eingang die Treppe hinunter. Allerdings erst ab 19 Uhr geöffnet. Eine große Auswahl an Weinen. Freitags Weinverkostung.

Adresse: Grusinskaja 30 (Грузинская, 30)

Premio Center

Unterhalb der Kreml-Mauer am Wolgaufer befindet sich der Premio Komplex bestehend aus dem Restaurant „Monet", einem Konzertsaal und der Diskothek „Indi-Club". Die Ankündigen für Veranstaltungen finden Sie auf der Internetseite.

Adresse: Nischnewolschkaja Nabereschnaja 1B (ул. Нижне-Волжская набережная, дом 1 «В»)

http://www.premiocentre.ru/

Rockbar

Der Name ist Programm. Wer Rockmusik mag, ist hier genau richtig. Am Wochenende oft Live-Musik.

Öffnungszeiten: Mo-Do 12-2 Uhr

Freitag 12-5 Uhr

Samstag 13-5 Uhr

Sonntag 13-2 Uhr

Adresse: Piskunowa 11 (ул. Пискунова, 11)

http://rockbar.ru/

Sklad

Der Sklad-Club ist der Underground-Szene zuzuordnen. Er befindet sich unterhalb des Kreml in den Hallen der früheren Wein/Wodka-Fabrik „Potschaina". Der Eingang ist nicht so leicht zu finden. Alles etwas herunter gekommen, aber das soll wohl so sein. Freitag und Samstag 22-9 Uhr geöffnet.

Adresse: Potschainskaja 17 (Почаинская, 17)

https://vk.com/skladclub

Teatro

Im Entertainment-Komplex „Master Plaza" befindet sich der „Night Illusion Club T.E.A.T.R.O.". Dies ist nicht nur eine Diskothek, sondern wird auch für Konzerte und andere Veranstaltungen genutzt, da es über eine Bühne verfügt. Der Club ist aufgebaut wie ein Theater.

Adresse: Maxim Gorki Straße 141 (ул. Максима Горького, 141)

http://clubteatro.ru/

The Top Club

Die schöne Villa aus dem 19. Jhd. verwandelt sich an den meisten Freitagen und Samstagen ab 23 Uhr zu einer Diskothek über zwei Etagen.

Adresse: Nischnewolschkaja Nabereschnaja 16 (Нижневолжская набережная, 16)

http://thetopclub.ru/

Union Jack Grand Music Pub

Ganz im Stile eines britischen Pubs mit gediegenen Ledersesseln und einer großen Bar über zwei Etagen verteilt. Mit Live-Musik verwandelt sich das Pub am Abend allerdings aufgrund der Lautstärke eher in eine Diskothek. Täglich von 12-2 Uhr geöffnet.

Adresse: Maxim Gorki Straße 150 (ул. Максима Горького, 150)

http://unionjack.ru/grandmusicpub/

Waterdance Festival

Einmal im Jahr findet im Sommer im Yacht-Klub „Leto" ein Techno-Festival statt. Aufgrund der Lage auf der abgeschiedenen

Wolga-Halbinsel unterhalb der Stadt ist ein ungestörter Musikgenuss über zwei Tage gewährleistet.

Adresse: Nabereschnaja Grebnowo Kanala 109
(Набережная Гребного канала, 109)

http://www.waterdance.ru/

Einkaufen

In den letzten 10 Jahren sind die Einkaufszentren in Nischni wie Pilze aus dem Boden geschossen. Ganz neue und hochmoderne Komplexe sind entstanden. Im Unterschied zu Deutschland haben die Geschäfte auch sonntags geöffnet und generell sehr konsumentenfreundliche Öffnungszeiten. Einige haben sogar rund um die Uhr geöffnet. An jeder Ecke gibt es darüber hinaus einen „Tante-Emma-Laden" („Produkty") oder den Spar-Markt des Vertrauens. Das Preisniveau in Nischni ist vergleichbar mit einer durchschnittlichen Großstadt in Deutschland. Oft fragt man sich, wie die Einheimischen über die Runden kommen in Anbetracht dessen, dass das Durchschnittseinkommen bei ca. 500€ liegt und ein Rentner etwa 10.000 Rubel erhält im Monat. Lag der Wechselkurs vor 10 Jahren noch bei 1€ zu 45Rubel, hat der Rubel in den letzten Jahren dramatisch an Wert verloren im Vergleich zum Euro, was die Preise aus deutscher Perspektive relativiert und Produkte dadurch teilweise preiswerter macht.

BAUMARKT

Sowohl im Einkaufszentrum „Fantastika" als auch im „Mega" gibt es einen Obi (*http://www.obi.ru/decom/home.html*) mit dem gewohnten Sortiment. Im Einkaufszentrum „Sedmoe Njebo" gibt es darüber hinaus einen Castorama (*http://www.castorama.ru/*).

BUCHLÄDEN

DIRISCHABL

Schräg gegenüber dem Kino Oktjabr am Ende der Bolschaja Pokrowskaja in Richtung Gorki-Platz befindet sich über mehrere Etagen der große Buchladen (Дирижабль).

http://www.dirigable-book.ru/

DOM KNIGI

Unweit des Jamarka (Sowetskaja 14 – ул. Советская, 14) befindet sich das Haus des Buches (Дом книги).

http://domkniginn.ru/

Knischnnjaja Galereja

Dieser Buchladen ist spezialiSiert auf ausländische Literatur (Deutsch, Englisch, Italienisch, Französisch und Spanisch). Er befindet sich in der Wolodarskowa Straße 40 (ул. Володарского, 40 – Книжная Галерея).

http://books-gallery.ru/

Labirint

Labirint ist ausschließlich ein Internet-Geschäft. Die Bücher werden ab einem Bestellwert von 1600 Rubel innerhalb von 5 Tagen zu ihnen nach Hause geliefert.

http://www.labirint.ru/

Tschitaj gorod

Diese Kette hat sowohl ein Geschäft in der Innenstadt als auch ein Internet-Geschäft. Der Eingang ist etwas versteckt und von außen Sieht es so aus, als wäre das Geschäft geschlossen. Nicht abschrecken lassen und die Treppen vor dem Supermarkt „Seven" hinunter steigen (Piskunowa 41 – ул. Пискунова, д.41).

http://www.chitai-gorod.ru/

Universitätsbuchhandlung

Sowohl neben der Higher School of Economics (Balschaja Petscherskaja 25/12 – ул. Большая Печерская, 25/12) als auch an der linguistischen Universität (Minin Straße 31a – ул. Минина, 31a) gibt es eine Universitätsbuchhandlung, die ausländische Literatur anbietet.

Etagé

Eines der ersten großen Einkaufszentren der Stadt war das „Etagé". Es stammt aus dem Jahr 2003. In der 6. Etage befindet sich der Milo Club (Siehe oben „Abends ausgehen").

Adresse: Belinskowo 63 (ул. Белинского 63, ТЦ "Этажи")

http://www.etagi.ru/

FANTASTIKA

Der Einkaufskomplex in Stadtnähe ist das größte Einkaufszentrum der Stadt. Daneben gibt es einen Obi, das größte Kino der Stadt und ein großes Fitnessstudio der Kette „Worldclass".

Adresse:Rodionowa 187 (ул. Родионова, 187)

http://fantastika-nn.ru/

LOBATSCHEWSKI PLAZA

Mitten im Zentrum unweit der Bolschaja Pokrowskaja befindet sich das Luxus-Einkaufszentrum (Лобачевский Plaza) mit allen hochpreisigen Marken und so gut wie keinen Kunden. Großer Vorteil, es verfügt über ein Parkhaus mitten in der Stadt – eine absolute Seltenheit bei sonstigem Parkplatzmangel in der Innenstadt. Architektonisch ein modernes Gebäude, so dass sich allein deshalb ein Besuch lohnt. Von Interesse könnte auch der Apple Store und das Kindergeschäft in der 3. Etage sein, da es bekannte Marken wie Schleich-Tiere führt, die man sonst nur in Deutschland bekommt. Und zu guter Letzt unbedingt eine Pizza im Bocconchino essen (Siehe oben „Essen&Trinken").

Adresse: Alexejewskaja 10/16 (ул. Алексеевская, 10/16)

MARKT

Gerade im Sommer bekommt man das frischeste Obst auf dem Markt direkt von der Babuschka (Oma). Sie sollten versuchen zu handeln, da Sie ansonsten als Ausländer wesentlich mehr bezahlen. Ein Besuch auf einem Markt ist aber zu jeder Jahreszeit ein Erlebnis. Brot, Milchprodukte, Fleisch, Obst, Gemüse, aber auch Kleidung werden angeboten. Es mag bezweifelt werden, dass die Fleischtheke auf den meisten Märkten den deutschen Hygiene-Standards entspricht.

Komsomolka

Der größte überdachte Markt ist etwas außerhalb am anderen Oka-Ufer. Von außen Sieht er eher aus wie ein großer moderner Supermarkt. Innen reiht sich ein kleiner Stand an den anderen. Er hat täglich von 9 -21 Uhr geöffnet (Komsomolskaja Platz 6 – Комсомольская пл., 6 „КомсоМОЛка").

http://komsomolka-nn.ru/

MYTNY DWOR

Direkt zu Beginn der Bolschaja Pokrowskaja (ул. Большая Покровская, 2 – Мытный двор) befindet sich ein kleiner Markt, der die letzten Jahre allerdings immer kleiner geworden ist. Er hat täglich von 7-19 Uhr geöffnet.

SREDNOJ

Unweit des Ljadowa-Platzes befindet sich der etwas größere Markt Srednoj auf der Kostina Straße 13 (улица Костина, 13 – Средной). Hier kann man den besten Schaurma der Stadt essen (Siehe oben „Essen&Trinken").

ZENTRALER MARKT

Der größte Markt der Stadt befindet sich in der Nähe des Bahnhofs (Tschkalowa 4 –улица Чкалова, 4).

MEGA

Auch **IKEA** hat es nach Nischni geschafft. Um das Möbelhaus herum ist ein großer Einkaufskomplex entstanden wie Sie es auch aus Deutschland gewohnt sind. Vom Stadtzentrum ca. 20 km entfernt, sollten Sie aber ca. 45 Minuten Fahrzeit einplanen ohne viel Stau. Das Einkaufszentrum hat täglich von 10-22 Uhr geöffnet. Hier gibt es auch den einzigen Bosco-Laden der Stadt. **Bosco Sport** (*https://boscosport.ru/*) stattet die Sportler der Olympischen Spiele aus. Die Sportkleidung ist zwar teuer, aber ein schönes Souvenir.

www.megamall.ru

METRO

Der Großmarkt „Metro" befindet sich in der Unterstadt auf der anderen Oka-Uferseite hinter der Messe. Täglich von 7-23 Uhr geöffnet. Hier gibt es das ein oder andere Produkt, das es in den sonstigen Supermärkten nicht gibt, allerdings oft nur in Großabpackung. Hier bekommen Sie auch Ihre Weihnachts- oder Martinsgans tiefgefroren.

Adresse: Mescherski Bulevard 3a (Мещерский бул., 3а)

https://nn.metro-cc.ru/

MÖBELHAUS

Die schnellste Möglichkeit sich einzurichten, ist natürlich IKEA im Einkaufszentrum „Mega". Wenn Sie etwas mehr Zeit haben, können Sie Ihre Möbel in einem Möbelhaus bestellen. Eine große Auswahl bietet „Otkryty Materik" (Larina 7, auf der M7 in Richtung des Einkaufszentrums Mega – ул. Ларина, 7, „Открытый материк" *http://materiknn.ru/*) oder „Mebelny Basar" (Gordejewskaja 7a, unweit des Bahnhofs – ул. Гордеевская, 7а, „Мебельный базар"). Mit etwas Überzeugungsarbeit kann man teilweise auch die Ausstellungsstücke erwerben. Anders als in deutschen Möbelhäusern gibt es keine Angestellten des Möbelhauses, sondern jeder Möbelanbieter ist mit eigenem Verkaufspersonal vertreten, der eine kleine Ausstellungsfläche betreibt.

NJEBO

Das 2016 eröffnete Einkaufszentrum ist das neuste der Stadt, direkt am Ljadowa Platz (Bolschaja Pokrowskaja 82 – ул. Большая Покровская, 82) Es wird sich zeigen, in wieweit es sich neben den anderen Einkaufszentren etablieren wird. Dies wird davon abhängen, wie viele und welche Geschäfte eröffnet werden. Die ersten vier Stunden kann man in der Tiefgarage kostenlos parken.

http://nebo-trk.com/

ONLINE-SHOPPING

Online-Shopping ist auch in Russland sehr populär, allerdings nicht immer ganz so einfach und nicht so schnell. Manchmal zahlt man für die Lieferung nach Nischni und dann noch einmal extra für die Zustellung nach Hause innerhalb von Nischni. Ähnlich der

Paketstation von DHL gibt es ein System namens **Pickpoint**. Das Paket wird zu einer Abholstation geschickt, wo man auch direkt bezahlen muss (*http://pickpoint.ru/*). Die russische Version von Amazon heißt **Ozon** (*http://www.ozon.ru/*). Sucht man eine mit Ebay vergleichbare Seite ist man bei „von Hand zu Hand" richtig („**iz ruk w ruki**"*http://irr.ru/*). Und die russische Variante von Google ist **Jandex** (*https://www.yandex.ru/*).

RUSSISCHE MODE

RODINA

Rodina bedeutet Heimat. Dieser Name ist nicht zufällig gewählt. Dieses Geschäft führt nur russische Marken. Rodina produziert auch eine eigene Serie von T-Shirts und Accessoires. Täglich 11-21 Uhr geöffnet. Adresse: Piskunowa 9 (ул. Пискунова, 9).

http://rodinastore.ru/

ZARINA

Zarina ist eine in ganz Russland verbreitete Mode-Kette im Stile von ZARA. Allerdings nur für Frauen. Filialen gibt es in den großen Einkaufszentren. Sie führen eine Serie im Partnerlook für Mutter und Tochter.

http://zarina.ru/

SOUVENIRE

Der größte Souvenirladen der Stadt befindet sich auf der Bolschaja Pokrowskaja (Большая Покровская ул., 43) kurz vor Ende der Fußgängerzone Richtung Gorki-Platz. Aufgrund der auffälligen rot-gelben Beklebung der kompletten Hausfront im Erdgeschoss können Sie das Gebäude nicht verfehlen. Hier finden Sie alle Kunsthandwerke der Region. Auch wenn Sie nichts kaufen wollen, lohnt sich doch ein Besuch.

Öffnungszeiten: Täglich 10-20 Uhr

Eine Übersicht aller Produkte finden Sie auf der Homepage: *http://russian-gift.com/*

SPORTGESCHÄFT

REDFOX
Zur Vorbereitung einer Trekking-Tour oder sonstiger Outdoor-Aktivitäten ist dieses Geschäft genau das Richtige. Es befindet sich in der ersten Etage im Einkaufszentrum Nowaja Ära hinter dem Bahnhof stadtauswärts Richtung Moskau (Sormowskoje Chaussee 20, Сормовское ш., 20, ТЦ Новая Эра, эт. 2).

http://www.redfox.ru/

SNARJASCHENIE
Ebenfalls auf Outdoor-Sport spezialiSiert ist dieses Geschäft. Isomatten, Zelte, Schlafsäcke und Kleidung von allen bekannten Anbietern. Das kleine Geschäft befindet sich etwas versteckt neben der Eissporthalle „Dworez Sporta" auf dem Prospekt Gagarina 29a (проспект Гагарина, 29А „Снаряжение"). Es besteht auch die Möglichkeit **Faltboote** auszuleihen.

http://www.equip.ru/

SPORTMASTER
Dies ist das größte Sportgeschäft der Stadt. Hier finden Sie von Ski über Fahrrad und Kleidung alles. Eine Filiale befindet sich neben dem Einkaufszentrum „Etagé".Weitaus größere Auswahl bietet die Filiale auf der Moskowskoje Chaussee 105a (Московское ш., 105а).

http://www.sportmaster.ru/

TRIAL-SPORT
Große Auswahl bietet auch das Geschäft „Trial-Sport". Von außen ein etwas unscheinbares Geschäft und leider keine Parkmöglichkeiten (Sowjetskaja 11 – ул. Советская, 11).

http://trial-sport.ru/

SUPERMARKT

Lebensmittel kann man fast überall kaufen. Die großen Supermärkte sind natürlich nicht direkt im Stadtzentrum. Die großen Ketten heißen: Aschan, Billa, Karusel, Lenta, Metro, Okay, Perekrestok, Spar/Eurospar. Im Grunde gibt es überall das Gleiche mit leichten Abweichungen. Man bekommt eigentlich alles, was man braucht. Nur die Auswahl an Produkten ist wesentlich geringer als in Deutschland. Der Eurospar ist zwar sehr teuer, bietet dafür aber teilweise Produkte, die es woanders nicht gibt.

TEE

Russland ist bekanntlich eine Teetrinker-Nation. Überwiegend wird jedoch nur Schwarztee oder grüner Tee getrunken. Wer darüber hinaus mehr Auswahl haben möchte, sollte in einen Teeladen gehen, zum Beispiel in das „Teehaus" auf der Nesterowa 3 (Чайный домик – ул. Нестерова, 3 – täglich 9-21 Uhr geöffnet).

http://www.mendin.ru/

WEIHNACHTSBAUM

Das Neujahrsfest wird in Russland wie in Deutschland Weihnachten gefeiert, also mit Tannenbaum und Geschenken. Aufgrund der zeitlichen Verschiebung öffnen die Tannenbaum-Verkaufsstände in der Stadt daher meist erst nach Weihnachten. Wer bereits vorher einen echten Weihnachtsbaum haben möchte, sollte ihn im Internet bestellen. Das hat darüber hinaus den Vorteil, dass er geliefert und wenn gewünscht auch aufgebaut wird. Tannenbaum auf Russisch heißt Jolka (ёлка). Eine russische Tanne ist vergleichsweise günstig (ab 1000 Rubel). Leider hat man über die Zeit mit den vielen kleinen Nadeln zu kämpfen. Die beliebte Nordmanntanne ist um ein vielfaches teurer (ab 5000 Rubel - Пихта Нордмана).

http://elkalive.ru/

Hotels & Wohnen

Wie bereits in anderen Bereichen erwähnt – in Russland leben oder Urlaub machen ist nicht billig. Es gibt sehr schöne Wohnungen und Hotels, aber die haben Ihren Preis. Wollen Sie eine Wohnung mieten, sollten Sie über einen Makler gehen. Die meisten Wohnungen werden möbliert vermietet. Das ist nicht jedermanns Geschmack. Entweder sind die Wohnungen hyper modern oder mit extrem schweren und dunklen Möbeln versehen. Die Wohnungen im oberen Preissegment entsprechen deutschen Standards. Für den Hausflur fühlt sich niemand verantwortlich, aus diesem Grund ist er im besten Fall ungepflegt. Sie sollten sich davon nicht abschrecken lassen. Wenn Sie nicht in einem Mehrfamilienhaus in der Stadt wohnen wollen, besteht die Möglichkeit, in einer abgeschlossenen Wohnsiedlung außerhalb der Stadt ein Haus anzumieten. Bedenken Sie aber, dass morgens und abends zur Rush-Hour viel Stau auf den Straßen nach Nischni sein wird. Die meisten Hotels können Sie ohne Probleme über booking.com buchen. Dort besteht auch die Möglichkeit, eine Ferienwohnung mit kompletter Ausstattung zu mieten. Dies ist insbesondere bequem und zu empfehlen, wenn man als Familie mit Kindern verreist.

ALEXANDROWSKI SAD

Das Hotel befindet sich in unmittelbarer Nähe vom gleichnamigen Park (Siehe oben „Parks und Seen") und damit unweit der Wolga. Der moderne Komplex mit 50 Zimmern wurde 2004 erbaut. Ein Doppelzimmer kostet ca. 7000 Rubel. Das Hotel verfügt über Bowling-Bahn, Sauna, Pool und Fitnessraum. Diese Angebote können als Nicht-Hotelgäste gegen Gebühr genutzt werden. Für 1200-2300 Rubel pro Stunde können Sie auch einen separaten Saunaraum mit Pool mieten, um ganz privat zu entspannen.

Adresse: Geogrijewski Sjezd 3 (Георгиевский съезд,д.3)

http://www.achotel.ru/

DIPLOMAT HOTEL

Ein sehr ordentliches und sauberes Hotel mit 33 Zimmern in zentraler Lage in 15-minütiger Laufentfernung vom Kreml. Wer nicht laufen möchte, kann auch ein Stück Straßenbahn fahren. Die Haltestelle befindet sich unweit des Hotels. Das Hotel richtet sich überwiegend an Geschäftsleute, aus diesem Grund gibt es keine großen Extras. Der Eingang ist etwas versteckt. Gehen Sie am Restaurant Churma (Хурма) vorbei, dann stoßen Sie auf den Eingang im Hof. Fahren Sie in die 5. Etage. Das Doppelzimmer kostet ca. 4000 Rubel. Das Restaurant Churma (Хурма) mit aserbaidschanischer Küche ist zu empfehlen.

Adresse: Balschaja Petschorskaja 26 (ул. Большая Печёрская, 26, эт. 5)

http://diplomat-hotel.ru/

FONDA

Wer eine außergewöhnliche Unterkunft sucht, ist hier genau richtig. Das kleine Hotel mit 6 Zimmern ist ein Hausboot direkt auf der Wolga. Das Hotel ist Teil eines großen Saunakomplexes (Siehe unten „Erholung und Sport"). Ruhiger kann man in einer Großstadt nicht wohnen. Einziger Nachteil: das Hotel ist nicht mit öffentlichen Verkehrsmitteln zu erreichen. Das Doppelzimmer kostet 4000 Rubel. Für 15000 Rubel können Sie ein 120m^2-Apartment anmieten mit Terrasse, Kamin, Billardtisch und eigener Sauna. Die Zimmer können auch stundenweise gemietet werden, wenn Sie sich nach der Saune entspannen wollen.

Adresse: Nabereschnaja Grebnowa Kanala 108 (Набережная Гребного канала, 108)

http://fonda52.ru/

GRAND HOTEL OKA

Etwa 15-Autominuten von der Innenstadt entfernt, befindet sich der große Hotel-Komplex mit Bowling-Bahn, Fitnessstudio, großem Pool, Sauna und Wellnessbereich. Es ist unterteilt in zwei Bereiche. Der Premium-Bereich ist ein modernes 4-Sterne-Hotel und verfügt über 139 Zimmer. Ein Zimmer ist ab 5400 Rubel erhältlich. Es können große, aber nicht ganz preiswerte Suiten angemietet werden. Der Business-Bereich ist wesentlich günstiger und als 3-Sterne-Hotel deklariert. Insgesamt verfügt dieser Bereich über 261 Zimmer. Das Doppelzimmer kostet ab 1900 Rubel. Der Komplex wird oft als Tagungshotel genutzt. Im Komplex enthalten ist darüber hinaus ein Jazz-Klub „Jam Prestige" mit Bühne und Live-Musik (ab 17 Uhr geöffnet).

Adresse: Prospekt Gagarina 27 (пр. Гагарина, д.27)

http://www.hoteloka.ru/

HOSTELS

FABRIKA

500 Rubel im 8-Bett-Zimmer; 1450 Rubel pro Person im Doppelzimmer; gemeinsame Duschen und WCs. Einfach, aber sauber. An vielen Stellen sind die Wände unverputzt. Die roten Ziegelsteine geben dem Hostel Ihr Flair. Gleichzeitig ist das Hostel eine Kunstgalerie. Das Hostel befindet sich im unteren Teil des Zentrums in einer kleinen Seitenstraße der Fußgängerzone „Roschdestwenskaja". An der Ecke ist ein Café der Kette „Coffee Cake".

Adresse: Roschdestwenskaja 24 (ул. Рождественская,24)

http://fabrika-hostel.ru/goroda/nizhnijnovgorod

SMILE HOSTEL

Hell, gemütlich und mit Liebe zum Detail eingerichtet. Jedes Zimmer hat den Namen einer Großstadt und ist individuell gestaltet. Dazu noch mitten in der Stadt am Anfang der Bolschaja Pokrowskaja. Überzeugen Sie sich selbst auf der visuellen 3D-Tour auf der Internetseite. 390 Rubel im 8-Bett-Zimmer; 1490 Rubel für ein Doppelzimmer; gemeinsame Duschen und WCs.

Adresse: Bolschaja Pokrowskaja 4 (ул. Б. Покровская, 4)

http://smilehostel.net/en/

IBIS HOTEL

Eines der größten Hotels im Zentrum der Stadt ist das Ibis Hotel. Das 3-Sterne-Hotel hat 220 Zimmer. Der Standard ist wie in allen Ibis-Hotels weltweit gut und die Zimmer sind ordentlich und sauber. Ein Doppelzimmer bekommen Sie ab ca. 3000 Rubel.

Adresse: Maxim Gorki Straße 115 (ул. Максима Горького, 115)

www.ibis.com

JOUK JACQUE

Am Ende der Fußgängerzone der Bolschaja Pokrowskaja befindet sich das kleine Hotel mit 18 Zimmern. Das günstigste Doppelzimmer kostet 5200 Rubel.

Adresse: Bolschaja Pokrowskaja 57 (ул. Б. Покровская, 57)

http://jak-hotel.com/

KULIBIN PARK HOTEL

Das 2015 eröffnete 4-Sterne-Hotel ist stilvoll und modern eingerichtet in einem ganz neuen Gebäude mitten in der Innenstadt. Das Doppelzimmer kostet ca. 6000 Rubel.

Adresse: Maxim Gorki Straße 121 (ул. Максима Горького, 121)

http://kulibin-hotel.ru/

MARINS PARK HOTEL

Das mit 450 Zimmern größte Hotel in der Nähe des Zentrums ist unmittelbar neben der Messe direkt an der Oka gelegen. Es befindet sich auf der gegenüber liegenden Flussseite vom Stadtzentrum. Überwiegend ist das Hotel neu renoviert und die Zimmer modern eingerichtet. Allerdings wohl nicht alle Zimmer. Achten Sie darauf, dass Sie ein Zimmer mit Blick zum Fluss haben. Der Hotel-Komplex umfasst zwei Restaurants, ein Pub und eine Sauna. Das Standard-Doppelzimmer kostet 3300 Rubel.

Adresse: Sowjetskaja 12 (ул. Советская, д. 12)

http://www.hotel-central.ru/

MARRIOTT HOTEL

Ein ganz schickes, neues 4-Sterne-Hotel mit 143 Zimmern in der Innenstadt, das 2015 eröffnet wurde. Fußläufig 20 Minuten vom Kreml entfernt. Preise sind abhängig von Buchungszeitpunkt und Jahreszeit – um die 5000 Rubel.

Adresse: Ilinskaja 46 (ул. Ильинская, 46)

http://www.marriott.de/hotels/travel/gojcy-courtyard-nizhny-novgorod-city-center/

NIKOLA HAUS

Das Hotel befindet sich hinter dem Drama-Theater, unweit der Bolschaja Pokrowskaja und damit mitten im Zentrum und dennoch in ruhiger Lage. Das Standard-Doppelzimmer kostet 6760 Rubel. Insgesamt verfügt das Hotel über 31 Zimmer.

Adresse: Poscharskowa 18 (ул. Пожарского, 18)

http://nikolahouse.com/

NINO HOTEL

Ein kleines, günstiges, aber sauberes Hotel teilweise mit Blick auf die Kremlmauer. Die Zimmer haben nicht alle ein eigenes Bad. Ein Doppelzimmer mit eigenem Bad kostet 2490 Rubel.

http://ninohotel.ru/

Adresse: Ilisnkaja 3 (ул. Ильинская, 3)

OKTJABRSKAJA

Möchten Sie von Ihrem Zimmer aus einen unverbauten Blick auf die Wolga genießen, sollten Sie ein Zimmer in diesem 3-Sterne-Hotel direkt an der verkehrsberuhigten, oberen Uferstraße buchen.

Das Hotel verfügt über 91 Zimmer. Ein Standard-Doppelzimmer kostet 3700 Rubel.

Adresse: Werchnewolschkaja Nabereschnaja 9a (Верхне-Волжская наб., 9а)

http://www.oktyabrskaya.ru/en/

WHITE HOUSE

Das Hotel bezeichnet sich selbst als „Mini-Hotel". Von der Ausstattung her ist das Hotel eher ein Hostel, allerdings haben die Zimmer ein eigenes Bad. Einige Zimmer haben jedoch kein Fenster. Einzelzimmer ab 1450 Rubel. Aufschlag für zweite Person 100 Rubel.

Adresse: Warwarskaja 27/8 (ул. Варварская, 27/8)

http://whhotel.ru/

WOLNA

Das beste Hotel in Flughafennähe ist das Hotel Wolna. Es befindet sich ca. 9 km vom Flughafen entfernt in unmittelbarer Nähe zu den GAZ-Autowerken. Das Doppelzimmer kostet ca. 5100 Rubel.

Adresse: prospekt Lenina 98 (пр. Ленина, 98)

www.volnahotel.ru

Erholung und Sport

In diesem Abschnitt erfahren Sie alles über die vielfältigen Freizeitangebote in Nischni und Umgebung, die mit Sport oder Erholung zu tun haben.

BANJA

Die russische Banja unterscheidet sich von der in Deutschland bekannten finnischen Sauna. Die Luftfeuchtigkeit ist viel höher bei gleichzeitig hoher Temperatur. Aus diesem Grund trägt man üblicherweise einen Hut zum Schutz der Haare. In der Banja gibt es einen Heißwasser-Behälter. Das Wasser wird mit kaltem Wasser in Schüsseln gemischt und mit einer Schöpfkelle zum Waschen genutzt. Außerdem ist es üblich sich mit Birkenblatt-Sträußen zu schlagen, um die Durchblutung anzuregen. Die Banja ist überaus beliebt und Russen, die eine Datsche außerhalb der Stadt besitzen, haben üblicherweise eine Banja. Lassen Sie sich unbedingt von Ihren russischen Bekannten einladen. In der Innenstadt gibt es öffentliche Banjas von unterschiedlicher Qualität. Saunalandschaften wie in Deutschland kennt man in Russland nicht, da es auch nicht üblich ist, dass Frauen und Männer in der Öffentlichkeit gemeinsam in die Sauna gehen, zumindest keinesfalls ohne Badebekleidung. Es gibt daher die Möglichkeit stundenweise Banjas zu mieten. Die großen Hotels und Fitnessstudios verfügen über eine finnische und eine türkische Sauna, wie wir dies aus Deutschland kennen.

BANJA NA NOWOJ

Eine gute und saubere öffentliche Sauna mit kleinem Pool finden Sie unweit des Gorki-Platzes auf der Ulitsa Nowaja 13a. Drei Stunden kosten 470 Rubel. Täglich (außer Dienstag) von 8-22 Uhr geöffnet. Mittwoch, Freitag, Sonntag Männersauna. Montag, Donnerstag, Samstag Frauensauna. Wer nicht die öffentliche Sauna nutzen will, kann auch einen separaten Saunaraum mieten.

http://sauna-nn.ru/banya-na-novoy.html

Usadba Wannaja

Wer es luxuriöser möchte, allerdings mit bester Lage, kann ein ganzes Haus mieten inklusive Sauna direkt auf der Wolga am Grebnoj Kanal (наб. Гребного канала, 108/1). Der Komplex hat rund um die Uhr geöffnet und verfügt auch über ein kleines Hotel. Es ist allerding nur mit dem Auto zu erreichen. Es ist nicht ganz günstig. Sie müssen mit ca. 7000 Rubel für die zwei Stunden Mindestmietdauer rechnen.

http://bani52.ru/

BEACHVOLLEYBALL

Am Stadtstrand am Grebnoj Kanal sind zwei Beachvolleyballplätze frei zugänglich. Sie müssen allerdings ein eigenes Netz mitringen. Im Sommer sind die Plätze immer bevölkert und Sie werden ohne Probleme Spielpartner finden.

FITNESSSTUDIO

Der Trend, sich sportlich zu betätigen, hat auch Russland erreicht. Überall entstehen neue Fitnessstudios. Der neuste Klub mit großem Pool und Spa-Bereich befindet sich im Einkaufszentrum Njebo (Siehe oben „Einkaufen"). Die größten Ketten sind Wordlclass und Fizkult mit mehreren Klubs über die ganze Stadt verteilt – meist in den großen Einkaufzentren. Mit einem Jahresabonnement besteht auch die Möglichkeit verschiedene Klubs derselben Kette zu nutzen. Etwas preiswerter ist es, wenn man sich auf einen Klub beschränkt. Die großen Klubs verfügen über ein großes Schwimmbad und eine finnische und eine türkische Sauna. Der Standard ist der Gleiche, den Sie aus Deutschland gewohnt sind. Die Fitnessgeräte und die Ausstattung sind auf dem neusten Stand. Die Auswahl an Kursen ist groß. Für Kinder ab drei Jahren gibt es eine Kinderbetreuung. Es werden auch Kurse speziell für Eltern mit Kindern angeboten.

http://fizkult-nn.ru/

http://www.worldclass-nn.ru/

GRILLEN

Grillen ist grundsätzlich erlaubt. Eine schöne Möglichkeit in der Stadt ist der Schtscholkowski Hutor Park (Siehe oben „Parks und Seen"). Allerdings ist die Brandgefahr gerade in den Sommermonaten sehr hoch, so dass die Regierung Grillverbote erlässt. Erkundigen Sie sich daher vorher, um keine Strafe zu riskieren. Wer auf Nummer sicher gehen will, kann einen schönen Grillplatz an einem See gelegen mit Ausstattung im Sormowski Park mieten. Das Umweltbewusstsein ist in Russland noch nicht sonderlich ausgeprägt, daher lassen viele Ihren Müll einfach nach dem Grillen an Ort und Stelle liegen. Nehmen Sie sich daran kein Beispiel und nehmen Sie der Umwelt zu Liebe Ihren Müll wieder mit.

PADDELN

Im Sportgeschäft Snarjaschenie (Siehe oben „Einkaufen – Sportgeschäfte") können Faltboote ausgeliehen werden. Wenn Sie die Möglichkeit haben, ein Plastikboot zu transportieren, ist das für einen Tagesausflug natürlich die einfachere Variante. Für eine Tagestour empfiehlt sich ein Ausflug zum Fluss Linda etwa eine Stunde von Nischni entfernt. Fahren Sie über die erste Wolga-Brücke nach Rekschino (Рекшино). Das ist ein guter Ort zum Starten. Bedenken Sie, dass Sie am Anfang und Ende der Strecke ein Auto brauchen oder jemanden, der Sie wieder abholt.

SCHIFFFAHRT

Sollten Sie im Sommer in Nischni sein, ist eine Schifffahrt auf der Wolga ein Muss. Es gibt verschiedene Anbieter mit unterschiedlichen Angeboten. Sie können die Stadt besichtigen vom Wasser aus für 1-2 Stunden (ca. 350 Rubel pro Person) oder zum Beispiel nach Gorodez einen Tagesausflug machen. Es gibt aber auch Angebote für mehrtägige Wolga-Schifffahrten. Darüber hinaus besteht die Möglichkeit ein Boot für private Feiern zu mieten. Startpunkt ist der Retschnoi Woksal (Siehe oben „Sehenswürdigkeiten – Roschdestwenskaja Straße). Ein Anbieter ist Wodochod (ВодоходЪ), die Ihr Büro direkt rechter Hand im Retschnoj Woksal haben.

http://volga-vodohod.ru/river-walks/

SCHLITTSCHUHFAHREN

Schlittschuhfahren und Eishockey sind unglaublich beliebte Sportarten in Russland. Schon den Kleinsten werden Schlittschuhe angezogen. Es ist daher nicht verwunderlich, dass es sogar im Einkaufzentrum Mega (Siehe oben „Einkaufen") eine Eisbahn gibt (1,5h kosten 100 Rubel).

DYNAMO STADION
Im Winter können Sie mitten im Zentrum unter freiem Himmel im Stadion „Dynamo", direkt hinter dem Kino „Oktjabr" Schlittschuh fahren. Täglich von 16-21:30 Uhr geöffnet. Montag Ruhetag. Eintritt kostet 50 Rubel. Schlittschuhverleih 100 Rubel.

SORMOWSKI PARK
Die überdachte Eishalle im Sormowski Park kann das ganze Jahr über genutzt werden. Schlittschuhe können vor Ort ausgeliehen werden (Größe 27-47; 150 Rubel). Man kann jedoch nicht bar bezahlen, sondern muss zum Zahlen den Automaten nutzen. Dazu benötigt man eine Plastikkarte für den Park, die man am Automaten erwirbt und die mit Geld aufgeladen werden muss. Aber Achtung, der Automat wechselt nicht. Wenn man es nicht passend hat, kann man auch an der Kasse schräg gegenüber vom Eingang bezahlen. Ein Ticket kostet 200 Rubel ohne zeitliche Beschränkung.

Öffnungszeiten: Mo 10-19:30 Uhr; Di 10-16 Uhr + 18-22 Uhr; Mi 10-18 Uhr; Do 10-22 Uhr; Fr 10-17:30 Uhr und 18:30-22 Uhr; Wochenende 12-22 Uhr

http://sormovopark.ru/rink

SCHWIMMBAD

Öffentliche Schwimmbäder können nur mit einem ärztlichen Attest (Sprawka) benutzt werden. Erkundigen Sie sich im jeweiligen Schwimmbad, was Sie genau benötigen. Ein sehr gutes öffentliches Schwimmbad befindet sich im großen Sportkomplex

Meschtschera (Karl Marx Straße 17a/ ул. Карла Маркса 17а „Мещера") Wer ohne Arztbesuch schwimmen gehen möchte, kann dies entweder im Grand Hotel Oka (Siehe oben „Hotels & Wohnen") oder mit einer Mitgliedschaft in einer der großen Fitnessstudios (Siehe oben) tun.

(BADE)SEE

Im Park Schtscholkowski Hutor (Siehe oben „Parks und Seen") gibt es an beiden Seen einen kleinen Sandstrand und teilweise eine Liegewiese. Über die Wasserqualität können leider keine Aussagen gemacht werden. Die Einheimischen baden dort, allerdings baden Sie auch in der Wolga am Stadtstrand (Grebnoj Kanal) und das kann sicherlich nicht zu empfehlen sein. Das gilt wohl ebenso für die Seen in Sormowski Park und für den Meschtscherskoje Osero unweit des Einkaufszentrums „Sedmoje Njebo".

Nördlich auf der M7 Richtung Moskau gibt es verschiedene Badeseen. Schauen Sie einfach mal auf der Karte. Sie sind meist sauber und es kann gezeltet werden. Allerdings müssen Sie alles was Sie brauchen mitbringen, da es keine Einkaufsmöglichkeiten in der Nähe gibt. Sinnvoll ist auch ein geländefähiges Auto, da der Boden sehr sandig ist und man leicht steckenbleiben kann. Zum Beispiel: Swetlyje Osera (Светлые озера) oder Osera Puirckoje (озеро Пырское).

SEGWAY

Wer nicht laufen möchte, sollte eine Stadtbesichtigung mit dem Segway machen. Eine Fahrt mit dem Segway kostet für 5 Minuten 150 Rubel.

http://prokatsegway.ru/rent

SEILBAHN

Die Fahrt mit der Seilbahn über die Wolga dauert ungefähr 20 Minuten. Sie können eine schöne Aussicht genießen. Eine Fahrt ist daher sowohl im Sommer als auch im Winter zu empfehlen. Allerdings gibt es auf der anderen Seite in Bor nicht viel zu sehen.

SKIFAHREN

Der Winter ist lang, kalt und schneereich. Leider fehlen die Berge, so dass eigentlich nur Langlaufski zu empfehlen ist.

ABFAHRT

Wollen Sie dennoch nicht auf die Abfahrtski verzichten, gibt es ein paar kleine Berge und etwas weiter entfernt einige kleine Skigebiete.

Chabarskoje

Etwa 40km entfernt von Nischni in Richtung Bogorodsk befindet sich der Skikomplex „Chabarskoje" (Хабарское) an der Oka. Skiverleih, drei Lifte und Hotel vor Ort.

http://www.habarskoe.ru/

Nowinki

Etwa 7km entfernt von Nischni in Richtung Bogorodsk befindet sich an der Oka der nächstgelegene Skikomlex in Nowinki. Alles neu und modern mit einem Lift und zwei Abfahrten. Darüber hinaus gibt es einen Übungshang und einen Skiverleih.

http://www.novinki-nn.ru/

Park Schwejzaria

Die nächstmögliche Gelegenheit für Abfahrtski mit einem kleinen Lift ist unterhalb des Park Schwejzaria das Skizentrum „Na Sludje" (На Слуде). Es ist nicht so einfach zu finden. Fahren Sie vor dem Beginn des Parks rechts ab vor der Tankstelle und folgen Sie der Straße zur Oka herunter. Biegen Sie links ab und Sie stoßen auf den Skihang. Am Wochenende 10-16 Uhr; Dienstag und Donnerstag 14-16 Uhr geöffnet. Nutzung der Seilbahn 200-400 Rubel.

Puschalowa

Etwa 80km auf der M7 Richtung Moskau liegt dieses Skigebiet mit 6 Abfahrten.

http://www.puzhalova.ru/

Terra Ski Park

Etwa 40km auf der M7 Richtung Kasan befindet sich dieses 2016 eröffnete Skigebiet. 2 Lifte, 5 Abfahrten und ein Übungshang.

http://www.terraskipark.ru/

LANGLAUF

Wenn Sie Ihre eigenen Ski haben, können Sie fast in jedem Park in Nischni Ski fahren. Suchen Sie präparierte Pisten, dann werden Sie im Schtscholkowski Hutor Park fündig. Dort gibt es auch mehrere Skiverleihe. Gerade an den Wochenenden ist der Andrang im Park allerdings groß.

Skiverleih: Korejskaja ulitsa 22 (Корейская улица, 22); täglich von 9-18 Uhr; 200 Rubel. Sie müssen als Sicherheit Ihren Pass hinterlegen.

TANZEN

Es gibt sowohl die Möglichkeit zum Salsa tanzen als auch Tanzvereine für Standard- und Lateinamerikanische Tänze. In den letzten Jahren wurden viele unterschiedliche Tanzschulen gegründet. Hier nur ein paar Beispiele:

Salsa Schule „Milange"

Adresse: Swesdinka 24 (Звездинка, 24)

http://salsann.ru/

Standard- und Lateinamerikanische Tänze

Tanzschule von Anton Efremow, der selbst aktiver Tänzer ist

Adresse: Alexejewskaja 8/1 – 5. Etage (Алексеевская, 8/1, 5 этаж)

https://vk.com/must_dance

Te Amo – Tanzschule

Direkt in der Fußgängergzone eine Tanzschule für Salsa und co.

Adresse: Bolschaja Pokrowskaja 22 (ул. Большая Покровская, д. 22)

http://www.teamodance.ru/

TENNIS

Mitten im Zentrum unweit des Kreml gibt es einen Tennisklub mit mehreren Außen-Plätzen. Er befindet sich hinter dem Restaurant „Sportsbar" (ul. Piskunowa 40e – ул. Пискунова, 40e)

http://unionsport-nn.ru/

Wer das ganze Jahr über Tennis spielen will, kann dies im großen, ganz neuen und überdachten Tennispark tun (Prosp. Gagarina 33 – просп. Гагарина, 33).

http://tennispark-nn.ru/

YACHT-CLUB

Wer ein eignes Boot hat oder sich ein Boot ausleihen möchte, um auf der Wolga zu fahren, kann eines der verschiedenen Yacht-Clubs auswählen:

> *http://yachtclub-nn.ru/*
>
> *http://www.katernn.ru/yacht-club.html*
>
> *http://www.fps-nn.ru/*
>
> *http://www.katernn.ru/*
>
> *http://jordan.com.ru/*

YOGA

Yoga ist auch in Russland populär. Ein großes Yoga-Zentrum ist das Ökozentrum „Miraja" (Ulitsa Alexejewskaja 41g – Ул. Алексеевская, д.41 г). Sie bieten auch eine **Krabbelgruppe** und Yoga speziell für Schwangere, Kinder und einen **Rückbildungskurs** an.

http://miraya.ru/

ZELTEN

In Russland gibt es kaum offizielle Zeltplätze. Es ist jedoch erlaubt im Wald zu zelten. Achten Sie allerdings auf eventuelle Beschränkungen in Bezug auf offene Feuer, da im Sommer die Brandgefahr hoch ist.

Unterwegs mit Kindern

Russland ist extrem kinderfreundlich. Da kann sich Deutschland noch eine Scheibe abschneiden. Fast in jedem Restaurant gibt es Spieleecken teilweise sogar mit Kinderbetreuung.

BABYCONCERT NN

Ein außergewöhnliches Konzept speziell für Kinder bis 5 Jahre. Klassische Musik für die Kleinen zum Anfassen. Ein kleines Ensemble spielt bekannte klassische Musik. Dazu gibt es Kinderbetreuung. Die Termine finden Sie auf der Internetseite. 800 Rubel für ein Elternteil plus Kind. Adresse: Ulitsa Beketowa 13K (ул. Бекетова, 13К, 5 этаж (МЦ "БУМ").

http://babyconcertnn.ru/

BABYSCHWIMMEN

Ganz populär in Russland ist Babyschwimmen. Einen schönen Pool mit Angeboten für Kinder ab 2 Monaten bis 7 Jahren gibt es in der Kinderklinik Zdorowjonok (Детская клиника Здоровёнок – ul. Worowskowo 22/ул. Воровского, 22). Sie benötigen für sich und das Kind eine Badeerlaubnis (Sprawka), die vom Arzt ausgestellt wird.

http://zdorovenok.sadkomed.ru/bassein

BASTELLADEN

Das sehr große Geschäft für Bastelbedarf „Leonardo" befindet sich im Einkaufszentrum Fantastika und im Einkaufszentrum Njebo.

http://leonardohobby.ru/ishop/

FAMILIENZENTRUM „GREENLANDIA"

Das Zentrum bietet Angebote für die ganze Familie. Es gibt Kurse für werdende Eltern, einen Halbtages-Kindergarten und eine Salz-Höhle. Adresse: Ulitsa Wolodarskowo 38a – улица Володарского, 38А *http://www.greenlandia-nn.ru/*

GO-KART-BAHN

Im Sormowski Park (Siehe oben „Parks und Seen") gibt es eine kleine Go-Kart-Bahn mit vier Autos für Erwachsene und zwei für Kinder. Geöffnet von 10-22 Uhr; am Wochenende für Kinder 250 Rubel (5 Minuten).

INDOOR-SPIELPLÄTZE

In vielen Einkaufzentren gibt es Kinderspielplätze, nicht nur bei IKEA. Da der Winter recht lang ist, eine gute Schlechtwetteralternative.

IZUMRUDNYJ GOROD

Die „smaragdgrüne Stadt" hat zwei Standorte in Nischni – einmal im Einkaufszentrum Gansa und ein weiteres im Einkaufszentrum Burnakowski.

Öffnungszeiten: täglich 10-21 Uhr

Preis: 30 Minuten 200 Rubel; Kinder bis 3 Jahre müssen von einem Erwachsenen begleitet werden (30 Min. 50 Rubel)

Adresse: Einkaufszentrum Gansa, Rodionowa ulitsa 165 (ТЦ Ганза, Родионова ул., 165 к.13), Einkaufszentrum Burnakowski, Burnakowskaja ulitsa 55 (ТЦ Бурнаковский, Бурнаковская ул., 55)

http://www.iz-gorod.com/

MURAWEJNIK

Kinder ab einem Jahr können sich im „Ameisenhaufen" entweder im Einlaufzentrum „Njebo" im Einkaufszentrum „Mega" austoben (Siehe oben „Einkaufen"). Man kann die Kinder auch dort abgeben, um in Ruhe einkaufen zu gehen.

Öffnungszeiten: täglich 10-22 Uhr

Preis: 250 Rubel in der Woche; 350 Rubel am Wochenende pro Tag; erwachsene Begleitperson kostenlos *http://muravejnik.com/*

OSTROW SOKROWISCHTSCH

Die „Schatzinsel" (Остров сокровищ) befindet sich im Einkaufszentrum Gagarinskij (ТЦ Гагаринский). 300 Rubel in der Woche; 350 Rubel am Wochenende. Adresse: Prospekt Gagarina 105a – просп. Гагарина, 105a.

JUGENDTHEATER

Das Programm des Theaters richtet sich speziell an Kinder und Jugendliche. Das aktuelle Programm können Sie im Internet einsehen. Adresse: ulitsa Maxima Gorkowo 145 (Театр юного зрителя - улица Максима Горького, 145)

http://www.tyuz.ru/

MUSEUM DER WISSENSCHAFTEN – KWARKI

Sehr schön gemachtes Museum – Naturwissenschaften zum Anfassen. Viele Experimente zum selbst ausprobieren. Der Eingang zum Museum befindet sich auf der Rückseite der Messe. Täglich geöffnet von 10-19 Uhr. Eintritt am Wochenende 350 Rubel.

Adresse: ul. Sownarkomowskaja 13 (ул. Совнаркомовская, 13)

http://kvarky.ru/

OPERN- UND BALLETTTHEATER

Das Opernhaus bietet ein spezielles Kinderprogramm an. Pro Monat etwa eine Veranstaltung. Empfohlen für Kinder ab 3 Jahre.

Adresse: Belinskowo Straße 59/2 (улица Белинского, 59/2)

http://operann.ru/

PONYREITEN

An schönen Tagen können die Kinder ein Stück auf der Bolschaja Pokrowskaja geführt werden (ca. 200 Rubel).

PUPPENTHEATER

Bereits von außen ist das Gebäude märchenhaft gestaltet mit seinen vier kleinen Spitzdächern samt Wetterfahnen. Verschiedene Programme für unterschiedliche Altersklassen.

Adresse: Balschaja Pakrwoskaja 39b (Большая Покровская улица, 39б)

http://www.ngatk.ru/

RUMMEL

Sowohl im Sormowski Park als auch im Park Schwejzaria (Siehe oben „Parks und Seen") gibt einen Rummel den ganzen Sommer über mit Fahrgeschäften. Im Park Schwejzaria gibt es ein großes Riesenrad (Eingang ulitsa Medizinskaja), Kettenkarussell, Autoscooter (Eingang ulitsa Surikowa) und vieles mehr.

SPIELPLATZ

In fast jedem Park in der Innenstadt gibt es einen Spielplatz, die meist neu und gut gepflegt sind. Auch auf der Bolschaja Pokrowskaja gibt es einen schönen Spielplatz. Allerdings ist dort immer ein großer Andrang.

SPIELZEUGMUSEUM

Es Sieht in dem Museum eher aus wie auf dem Flohmarkt. Eine visuelle Tour gibt es auf der Internetseite.

Adresse: Bolschaja Pokrowskaja 8

http://www.ngiamz.ru/filialy/vystavochnyj-zal-pokrovka-8.html

STADION WODNIK

Das Stadion (Водник) befindet sich etwas versteckt in einem Wohngebiet im Zentrum zwischen der Oscharskaja und der Alexejewskaja Straße. Im Sommer verbringen die Einheimischen hier Ihre Zeit mit Fahrrad fahren, Joggen, Inliner fahren oder Fußball spielen.

WASSERPARK „KARIBIK"

Im Sormowski Park (Siehe oben „Parks und Seen") gibt es ein kleines Freizeit- und Spaßbad. Beheizter Pool mit 28 Grad, Wassertiefe 1,40m, fünf Wasserrutschen (2 für Erwachsene, 3 für Kinder).

Öffnungszeiten: im Sommer 10-22 Uhr

Preis: 300 Rubel in der Woche; 350 Rubel am Wochenende

http://sormovopark.ru/aquapark

ZIRKUS

Ein tolles neues Gebäude am Oka-Ufer in der Nähe vom Bahnhof. Es gibt kein festes Ensemble, sondern Gastspiele auswärtiger Zirkustruppen. Der einzige Unterschied, dass das Zirkuszelt ein festes Gebäude ist.

Adresse: ul. Kommunistitscheskaja 38 (ул. Коммунистическая, 38)

http://www.circus-nnovgorod.ru/

ZOO LIMPOPO

Ein ganz neu restaurierter Zoo am Rand des Sormowo Parks. Es gibt einen kostenpflichtigen Parkplatz direkt am Eingang. Seit 2015 gibt es sogar eine Giraffe. Schöner Streichelzoo.

Eintritt: 400 Rubel

Adresse: ul. Jaroschenko 7b (ул. Ярошенко, 7б)

http://www.nnzoo.ru/

Gottesdienste

BAPTISTEN

Gottesdienst: Sonntags 10 Uhr und 17 Uhr

Adresse: Poltawskij pereulok 10 (Полтавский переулок, 10)

EVANGELISCHE FREIE GEMEINDEN

JESUS EMBASSY CHURCH

Die größte Freikirche in Nischni ist die Jesus Embassy Church. Der Pastor der Gemeinde ist Pavel Ryndich. Er spricht sehr gut Deutsch. Es gibt einen separaten Gottesdienst auf Englisch, der überwiegend von ausländischen Studenten besucht wird. Der Lobpreis-Gesang ähnelt einem Konzert. Viele junge Leute. Im Sommer organiSiert die Gemeinde eine Freizeit auf dem gegenüberliegenden Wolgaufer. Spenden kann man übrigens auch per EC-Karte. Der Sonntags-Gottesdienst wird auf der russischen Internetseite live übertragen.

Gottesdienst: Sonntags 11 Uhr und 13 Uhr

Adresse: ulitsa 50-letija Pobedui 18 (улица 50-летия Победы, 18)

http://en.jesusembassy.org/

VINEYARD CHURCH

Die Gemeinde wurde von Missionaren aus Amerika gegründet und bis heute geleitet. Aus diesem Grund ist der Gottesdienst immer sowohl auf Englisch als auch auf Russisch. Moderner Lobpreis-Gesang zu Beginn des Gottesdienstes. Kleine Gemeinde mit ca. 60 Mitgliedern, einige davon aus dem Ausland. Der Gottesdienst ist mitten in der Stadt in der ersten Etage des Swerdlow-Kulturhauses in der Fußgängerzone.

Gottesdienst: So 11:30 Uhr; sowohl auf Englisch und Russisch

Adresse: Bolschaja Pokrowskaja 18 (Большая Покровская улица, 18).

http://vcfnn.org/

KATHOLISCHE KIRCHE

Die drei Nonnen der Kirche betreiben darüber hinaus die Caritas, die jeden Wochentag mittags an Bedürftige ein warmes Mittagessen ausgeben. Helfende Hände werden immer gesucht. Gelegentlich findet an einem Freitagabend ein Taizé-Gebet statt.

Gottesdienst: Sonntags 12 Uhr, Samstags 18 Uhr Vorabendmesse, beide Gottesdienste auf Russisch und Englisch

Adresse: Studjonaja 10b (Студёная улица, 10Б)

http://cathon.org/index_eng.htm

LUTHERKIRCHE

Die Kirche verfügt über eine kleine Orgel, so dass gelegentlich auch Konzerte stattfinden. Informationen darüber finden Sie auf der vKontakte-Seite.

Gottesdienst: Sonntags 12 Uhr

Adresse: Slawjanskaja 39 (Славянская улица, 39)

http://elc-nn.jimdo.com/

https://vk.com/ingriann

MOSCHEE

Adresse: Kasanskaja Nabereschnaja 6 (Казанская набережная, 6)

http://www.islamnn.ru/

SYNAGOGE

Die Synagoge kann Montag bis Freitag von 9 Uhr-18 Uhr und Sonntag von 10 Uhr-15 Uhr besichtigt werden.

Adresse: Grusinskaja 5a (ул. Грузинская, 5а)

http://www.evreinn.ru/

Kindergarten, Schulen und Universitäten

HIGHER SCHOOL OF ECONOMICS

Diese Universität verfügt über eine Österreichische Bibliothek. Es gibt Russisch-Sprachkurse, verschiedene summer schools und ein internationales Master Programm.

Adresse: Balschaja Petschorskaja 27 (Большая Печёрская улица, 27)

https://nnov.hse.ru/en/

KINDERGARTEN

Für einen Platz im russischen Kindergarten müssen Sie Ihr Kind wohl mit der Geburt anmelden. Allerdings gibt es einige sehr gute private Kindergärten als Alternative.

CREF

Für Kinder im Alter von 2-7 Jahren. Dreisprachig (Russisch, Englisch, Französisch) – Fremdsprachen werden von Muttersprachlern unterrichtet.

Adresse: ul. Dalnaja 11 (ул. Дальняя 11)

http://nnovgorod.ptitcref.com/en/

KROCHA

Es gibt eine Vielzahl von privaten, russischen Kindergärten. Auf die Erziehung der Kinder wird sehr viel Wert gelegt. Die Qualität der Kinderbetreuung und die Angebote sind sehr gut. Der Kindergarten „Krocha" ist nur ein Beispiel.

Adresse: Grusinskaja 37a (ул. Грузинская, 37a)

http://kroha52.ru/

LINGUISTISCHE UNIVERSITÄT

An der Universität für Sprachen werden für Ausländer Russischkurse angeboten. Darüber hinaus gibt es ein Testzentrum für den Sprachtest, der seit 2015 für einige Langzeitvisa notwendig ist.

Adresse: ulitsa Minina 31a (ул. Минина, 31а)

http://www.lunn.ru/

http://www.lunn.ru/page/centr-testirovaniya

LOBACHEWSKI-UNIVERSITÄT

Die Lobachewski-Universität ist die größte Universität der Stadt. Es gibt auch Studienangebote speziell für Ausländer.

http://www.unn.ru/

MEDIZINISCHE AKADEMIE

Wer Medizin in Russland studieren möchte, kann dies sogar teilweise auf Englisch tun an der Medizinischen Universität.

http://www.nizhgma.ru/eng/

SCHULE

GYMNASIUM NR. 1

Diese russische Schule ist eine Schule mit erweitertem Deutschunterricht. Das Schild über dem Eingang ist sogar auf Deutsch. An der Schule arbeitet immer ein/e Lehrer/in aus Deutschland. Die Schüler haben die Möglichkeit das Deutsch Sprachdiplom zu machen, das sie zum einjährigen Studienkolleg und anschließendem Studium an einer deutschen Universität berechtigt.

Adresse: Mininplatz 5 (пл. Минина и Пожарского, д.5)

http://www.gimnasium1.ru

„INTERNATIONALE SCHULE"

Diese Privatschule hat einen internationalen Anspruch. Allerdings gibt es wenige Expats mit Kindern in Nischni, daher gibt es nur wenige ausländische Kinder auf der Schule. Die Schule macht aber sicher vieles möglich. Alles auf sehr hohem Niveau, was auch seinen Preis hat. Seien Sie sich aber bewusst, dass hier nur die Kinder der reichen Einheimischen hingehen.

Adresse: Gololja 62 (ул. Гоголя, 62)

http://www.ils.education/index.php?menu=about&lang=ru&lang=en

Medizinische Versorgung

Besser ist es sicherlich, gar nicht erst krank zu werden. Einige der hier lebenden Expats sagen auch kategorisch, dass Sie nur nach Moskau fahren zur medizinischen Behandlung. Dies ist jedoch nicht in jedem Fall notwendig. Die Ärzte sind in Russland gut ausgebildet und es gibt Privatkliniken. Gerade im Bereich der Zahnmedizin sind darüber hinaus die Kosten im Vergleich zu Deutschland wesentlich geringer bei gleicher Qualität. Generell ist zu sagen, dass das System etwas anders ist als in Deutschland. Es gibt keine Hausärzte, sondern Ärztehäuser, in denen alle Ärzte unter einem Dach sind.

FRAUENARZT

In der Privatklinik Alexandria arbeitet Frau Katkowa (Каткова Надежда Юрьевна), die ausgezeichnet Deutsch spricht. Eine sehr erfahrene Ärztin. Sie arbeitet nur an bestimmten Tagen in der Privatklinik und ansonsten im Krankenhaus. Sie müssen daher mit längeren Wartezeiten rechnen.

Adresse: Malaja Pakrowskaja 2a (ул. М. Покровская, 2а)

http://clma-nn.ru/en

http://clma-nn.ru/spetsialisty/100

GEBURTSHÄUSER

Die Geburtskliniken sind in Russland getrennt vom Krankenhaus. In Nischni ist es nicht üblich, dass die Männer an der Geburt teilnehmen. Vielmehr werden die Frauen an der Tür abgegeben und einige Tage später mit Kind wieder abgeholt. Besuch darf während des Aufenthaltes nicht empfangen werden. Das Geburtshaus Nr. 1 (Wawarskaja 42 – Родильный дом № 1 – ул. Варварская, 42) ist im Zentrum und soll eines der besseren sein. Allerdings ist der Standard weit unter deutschen Maßstäben. Es gibt wohl auch wenige Privatzimmer, aber ob die dann gerade frei sind, kann natürlich nicht garantiert werden. Den gewohnten Standard wie in Deutschland erhalten Sie nur in Moskau. Als

Privatpatient sind Sie in der staatlichen Geburtsklinik bestens aufgehoben und können auch Besuch empfangen.

http://www.ncagip.ru/ (ФГБУ Научный центр акушерства, гинекологии и перинатологии имени академика В.И. Кулакова – г. Москва, ул. Академика Опарина, дом 4)

http://rod-dom1.ru/

KINDERARZT

Eine sehr gute Kinderklinik ist die Klinik „Zdorowjonok". Alles auf dem neusten Stand. Allerdings gibt es anders als in Deutschland für alles einen Spezialisten und bei jeder Impfung muss Blut abgenommen werden. Der Service ist einwandfrei. Keine Wartezeiten und ein kleiner Spielplatz inklusive. Jeden Tag geöffnet von ca. 9-18 Uhr. Die Klinik bietet auch einen Übersetzerin, die Englisch spricht.

Adresse: Worowskowo 22 (ул. Воровского, 22)

http://zdorovenok.sadkomed.ru/

Für schwerwiegende Notfälle wird empfohlen, in das Kinderkrankenhaus der Region zu gehen (ГБУЗ НО Нижегородская областная детская клиническая больница). Allerdings hat das nicht annähernd den Standard eines deutschen Krankenhauses. Das fängt schon an, dass man den Eingang nur mit Mühe findet. Rufen Sie daher lieber den Notruf an, um sich mit dem Krankenwagen dahin fahren zu lassen.

Adresse: Wanejewa 211 (ул. Ванеева, 211)

PRIVATE KLINIK

Eine der größten privaten Kliniken ist die „Sadko"-Klinik. Das ist kein Krankenhaus, sondern ein Ärztehaus mit allen Fachrichtungen bis hin zum Zahnarzt. Es gibt Übersetzer für Englisch und Französisch. Die verschiedenen Kliniken sind über die ganze Stadt verteilt.

http://eng.sadkomed.ru/

Ausflugsziele

Wenn Sie länger in Nischni sein sollten, lohnt es sich auch die Umgebung zu erkunden, sowohl im Oblast als auch darüber hinaus. Es folgen ein paar Empfehlungen. Im folgenden Link gibt es noch weitere Ausflugsziele mit ausführlichen Beschreibungen – allerdings alles nur auf Russisch (*http://klubok-ok.ru/Nizheg.obl/Nizh_obl.html*). Für die etwas abgelegenen Ausflüge gilt, dass so gut wie nicht touristisch erschlossen ist, es keine Informationen vor Ort gibt und man sich teilweise glücklich schätzen kann, wenn man das gesuchte Objekt überhaupt findet.

ARSAMAS

Arsamas ist eine kleine Stadt 100km südlich von Nischni. Mit dem Auto brauchen Sie ca. 2 Stunden. Es gibt einige schöne Kirchen zu besichtigen. Die schönste und außergewöhnlichste Kirche steht mitten im Zentrum. Mit den Säulen und Kuppeln könnte Sie genauso gut auch in Rom stehen. Sicherlich eine Reise wert.

GORKOWSKOJE MORJE

Die Wolga ist 70km nord-westlich von Nischni entfernt zu einem großen Stausee aufgestaut worden, um den Strom für die Region zu gewinnen. Rings herum befinden sich unzählige Ferienparks mit Hotel, Vollverpflegung, eigenem Strand und Freizeitprogramm (база отдыха). Eine hochwertige Anlage ist Izumrudnoje (*http://izumrudnoe.ru/*), die sich ca. zwei Autostunden von Nischni auf der östlichen Seite des Stausees befindet. Sowohl im Sommer als auch im Winter zu empfehlen.

GORODEZ

Diese kleine Stadt befindet sich kurz vor dem Stausee. Es empfiehlt sich ein Tagesausflug mit dem Schiff. Es gibt ein kleines Samowar-Museum. Außerdem ist Gorodez bekannt für seine Lebkuchen. Direkt am Ufer ist ein großes Holzgebäude aufgebaut, in dem die Handwerkskunst der Region gezeigt wird und Souvenirs verkauft werden.

ITSCHALKOWSKIE HÖHLEN

Nicht leicht zu finden, aber in jedem Fall eine Reise wert, ist der Besuch der Höhlen in einem Wald ca. 2 Stunden südlich von Nischni (Ичалковские пещеры). Vergessen Sie Ihre Taschenlampe nicht.

KASAN

Kasan liegt 400km östlich ebenfalls an der Wolga du ist die Hauptstadt der autonomen Republik Tatarstan. Eine schöne Stadt, die sehr muslimisch geprägt ist. Im Kreml befindet sich daher eine große Moschee. Tatarstan ist aufgrund seines Erdöls sehr reich. Dies ist gerade im Zentrum der Stadt im Stadtbild sichtbar. Beeindruckend ist das Umweltministerium, in dessen Eingangsbereich ein großer unechter Baum eingebaut wurde, der nachts wunderschön beleuchtet wird.

MAKARJEWO-KLOSTER

Etwa 100km flussabwärts ist wunderschön, direkt am Wolgaufer das Makarjewo-Kloster (Макарьевский монастырь) gelegen. Sie müssen in jedem Fall die Wolga überqueren. Die einzige Brücke bis dorthin ist die Brücke in Nischni Richtung Bor. Sie können aber sowohl in Nischni, als auch in Lyskowo (Лысково) eine Fähre nehmen. Die Fähre legt direkt vor dem Kloster an. Vom Wasser aus hat man einen schönen Blick auf das Kloster.

Fahrzeiten der Fähre:

Von Lyskowo nach Makarjewo: 06:15, 08:15, 12:15, 15:15, 18:15.

Von Makarjewo nach Luiskowo: 07:00, 09:00, 13:00, 16:00, 19:00.

Sie sollten sich jedoch vor dem Ausflug telefonisch nach den Fahrzeiten erkundigen (8-930-802-99-59).

SEMJONOW

In Russland ein Muss ist der Besuch in der Matroschka-Fabrik. Diese befindet sich etwa 80km nördlich von Nischni. Semjonow ist seit dem 17 Jh. Zentrum der berühmten Chochloma-Holzkunst. Seit 1930 werden hier die berühmten Matroschkas hergestellt. Arbeitsschutz wird in der Fabrik nicht gerade groß geschrieben und es ist erschreckend, unter welchen Bedingungen gearbeitet wird. Die Maschinen sind sehr alt und man kann kaum glauben, dass in dieser herunter gekommenen Fabrik so schöne handbemalte Kunstwerke entstehen können. Es ist in jedem Fall noch alles Handarbeit. Wenn Sie eine Besichtigung der Fabrik planen, müssen Sie unbedingt vorher telefonisch einen Termin vereinbaren (831-62) 2-22-72. Ansonsten bleiben Ihnen nur das Museum und der Souvenir-Shop.

SUSDAL

Susdal gehört zum sogenannten Goldenen Ring um Moskau und zählt damit zu den bedeutendsten Reisezielen in Russland. Die Stadt ist sehr touristisch, aber die vielen Kirchen sind schön restauriert und ein Ausflug lohnt sich in jedem Fall. Mit dem Auto brauchen Sie mindestens 3,5 Stunden. Daher sollten Sie lieber eine Übernachtung einplanen und gleichzeitig auch noch Wladimir besichtigen.

SWETLOJAR

Wenn Sie nach Semjonow noch 40km weiter fahren, kommen Sie zum Heiligen See Swetlojar. Der See befindet sich mitten im Naturschutzgebiet und ist sehr sauber, so dass Sie auch baden können. Er ist einer der größten und tiefsten Seen der Region. Es gibt einen Zeltplatz in der Nähe. Lagerfeuer und Zelten direkt am See sind verboten. Am 6. Juli findet jedes Jahr ein Volksfest statt. In der Nacht werden Kerzen angezündet. Es wird gesagt, wenn man mit der Kerze drei Mal um den See herumläuft, geht ein Wunsch in Erfüllung.

RUKAWISCHNIKOW SOMMERSITZ

Südlich der Oka, ca. 100km von Nischni entfernt, in der Nähe von Bogorodsk befindet sich die Ruine des Rukawischnikow Sommersitzes (Усадьба Приклонских-Рукавишниковых). Die Rukawischnikow Villa im Zentrum der Stadt ist eines der schönsten Häuser und befindet sich auf der Werchnewolschskaja Nabereschnaja (Siehe oben „Sehenswürdigkeiten"). Der Sommersitz ist nicht leicht zu finden. Sie benötigen ein geländefähiges Auto, da das letzte Stück nur Feldweg ist. Nicht nach dem Regen fahren, da die Gefahr besteht, mit dem Auto stecken zu bleiben. Sie werden belohnt mit einem großartigen Ausblick auf die Oka. Das Anwesen selbst ist ziemlich eingefallen und eine Besichtigung ist nur von außen möglich, aber man kann sich das Anwesen noch gut vorstellen. Der Eintritt kostet 200 Rubel. Sie müssen am Tor klingeln. Eine Familie hat sich dem Erhalt und dem Wiederaufbau des Anwesens gewidmet. Die Führung ist interessant, aber nur auf Russisch.

http://usadbann.ru/

Über die Autorin

Das erste Mal war ich 2005 in Russland, um für die Dauer von einem Monat an der Linguistischen Universität in Nischni Nowgorod ein Praktikum zu machen. Damals habe ich nicht geahnt, dass ich Sieben Jahre später für vier ein halb Jahre mit meiner Familie hier arbeiten und leben würde. Meine Russischkenntnisse waren rudimentär, was das Leben zu  Beginn wirklich nicht leicht machte, da es in Nischni im Vergleich zu den Metropolen wie Moskau und St. Petersburg nur eine kleine internationale Gemeinde gibt. Die Idee zu diesem Reiseführer ist entstanden, als meine russischen Freunde meinten, dass ich mich besser auskennen würde in Nischni als sie selbst. Dieser Reiseführer erhebt keinen Anspruch auf Vollständigkeit, sondern gibt überwiegend meine Erlebnisse der letzten Jahre wieder. Ich hatte eine wunderbare Zeit in Russland. Dies habe ich vor allen Dingen der russischen Herzlichkeit und Gastfreundlichkeit zu verdanken. Gehen Sie auf die Menschen zu, dann wird Nischni Sie mit offenen Armen empfangen.